国家自然科学基金青年项目(72002074)
广州市基础与应用基础研究专题(青年博士"启航"项目，2024A04J3283)
广东省普通高校特色创新类项目(2023WTSCX016)

卢允之◎著

中国上市公司专利经济价值：
理论、测算与应用

Evaluating Patents of Chinese Public Companies:
Theory, Measurement and Applications

中国财经出版传媒集团

经济科学出版社
Economic Science Press
·北京·

图书在版编目（CIP）数据

中国上市公司专利经济价值：理论、测算与应用／
卢允之著. -- 北京：经济科学出版社，2024.8.
ISBN 978 - 7 - 5218 - 6306 - 2

Ⅰ. F279.246

中国国家版本馆 CIP 数据核字第 2024PM4401 号

责任编辑：杜　鹏　常家凤
责任校对：王苗苗
责任印制：邱　天

中国上市公司专利经济价值：理论、测算与应用

ZHONGGUO SHANGSHI GONGSI ZHUANLI JINGJI JIAZHI：
LILUN，CESUAN YU YINGYONG

卢允之 ◎ 著

经济科学出版社出版、发行　新华书店经销
社址：北京市海淀区阜成路甲 28 号　邮编：100142
编辑部电话：010 - 88191441　发行部电话：010 - 88191522
网址：www. esp. com. cn
电子邮箱：esp_bj@ 163. com
天猫网店：经济科学出版社旗舰店
网址：http：//jjkxcbs. tmall. com
固安华明印业有限公司印装
710 × 1000　16 开　12.5 印张　230000 字
2024 年 8 月第 1 版　2024 年 8 月第 1 次印刷
ISBN 978 - 7 - 5218 - 6306 - 2　定价：99.00 元
（图书出现印装问题，本社负责调换。电话：010 - 88191545）
（版权所有　侵权必究　打击盗版　举报热线：010 - 88191661
QQ：2242791300　营销中心电话：010 - 88191537
电子邮箱：dbts@esp. com. cn）

前　　言

专利作为创新成果的重要体现，其价值评估和管理策略对企业的经济效益和国家的创新战略具有深远影响。我国政府于2006年就提出建设创新型国家战略，随后2017年更是提出了创新驱动发展战略。在这段时间里，大量的研究表明，我国企业申请的专利数量有了快速的提升，已成为全球第一专利大国。2024年《政府工作报告》进一步提出加快发展新质生产力，其既是发展命题也是改革命题。新质生产力是以创新为主导作用的先进生产力质态，强调技术革命性突破。如何借助专利经济价值以刻画技术革命性突破是本书重点关注的问题。然而这些专利的质量到底如何？目前学术界大多认为存在较多的"低质量"专利，我国专利体系"重申请、轻运用"由来已久。虽然有关部门已经开始强调专利质量，但是如何准确、有效地估算专利质量，仍有待进一步研究。

本书深入探讨了上市公司专利经济价值评估的理论基础和指标构建。专利除了对于研究人员具有科学价值（scientific value）以外，对于运营和开发人员也具有经济价值（economic value）。后者强调的是专利转化为商用项目后所带来的潜在收益。本书立足于金融学理论基础，提出利用企业股价数据估算专利经济价值的实证指标构建，并展示了上市公司专利经济价值的测算结果，为识别高质量专利提供了数据支撑。在应用篇中，本书则探讨了专利经济价值在不同领域的应用，如薪酬差距、金融强监管以及企业 ESG 表现等。这些应用研究不仅丰富了专利经济价值的研究视角，也为相关领域的实践提供了有价值的参考。

本书共分为 7 章。第 1 章为绪论，重点阐述了本书研究的背景和目的，介绍了本书的研究思路和主体内容。第 2 章从中国专利体系的发展历程讲起，深入分析了专利价值评估的理论基础和实践难点。在综合比较各类评估方法的优劣后，提出利用企业股价数据估算专利经济价值的理论逻辑。第 3 章扩展了 KPSS 模型，测算了我国上市公司的专利经济价值。第 4 章至第 6 章分别将专利经济价值指标运用于内部薪酬差距、金融强监管、企业 ESG 表现等领域的话题中，实证检验了上述因素如何影响专利的经济价值。第 7 章为研究结论与政策建议。

本书内容主要来源于笔者入职华南师范大学经济与管理学院以来的研究成果。在此，笔者感谢导师周开国教授的指导，以及华南师范大学经济与管理学院的各位领导和同事对本人研究的支持。同时，经济与管理学院优秀本科生庄程龙、黄鸿彬、吴炜棋等为本书的写作提供了大量的帮助，在此笔者一并表达谢意。笔者希望读者能够通过阅读本书获得启发，对专利价值评估和企业创新管理有更深入的理解。

谨以此书献给无条件支持笔者研究工作的家人。

卢允之

2024 年 6 月

目　　录

第 1 章

绪　　论

1.1　研究背景与目的

1.1.1　研究背景

经济高质量发展是当代中国社会前进的关键目标，其核心驱动力在于创新。创新不仅是科技进步和社会发展的引擎，也是企业竞争力的根本来源。随着经济结构的转型升级，中国越发重视由要素驱动向创新驱动的转变，尤其是在劳动力和自然资源等传统增长要素渐趋饱和的背景下，技术创新的重要性日益凸显。国家统计局、科技部和财政部的数据显示，企业研发支出占全国研发投入的比重高达76.9%①，彰显了企业在国家创新体系中的主体地位。专利作为创新成果的重要体现，其经济价值的评估和管理对于企业的战略规划、政策制定以及国家创新体系的构建具有重要意义。

从理论的角度来看，学术界一直致力于研究以专利为代表的无形资产评估问题。随着知识经济的发展，全球的无形资产总额急剧上升（Falato et al.，2022），专利作为技术创新的重要成果，公司金融和财务管理领域的研究均认可其对企业竞争力的构建具有核心作用。中国专利体系自1985年《中华人民共和国专利法》（以下简称《专利法》）实施以来，经历了从起步到

---

① 中华人民共和国国家统计局 . 解读《2021 年全国科技经费投入统计公报》[R/OL].（2022 - 08 - 31）[2024 - 05 - 08]. https：//www. gov. cn/xinwen/2022 - 08/31/content_5707549. htm.

高质量发展的多个阶段，在这一过程中，《专利法》的修正、知识产权保护的加强以及专利质押融资的推广，共同促进了专利体系的完善和专利质量的提升。但是，目前相关的研究对专利价值（尤其是经济价值）的评估尚未达成统一。专利价值评估不仅对企业经营决策至关重要，而且也是指导业界合理运用存量专利的重要参考，对国家创新驱动发展战略的实施同样具有显著影响。

从现实的角度来看，国家战略需求对创新驱动发展提出了明确要求。党的二十大报告强调，经济高质量发展是全面建设社会主义现代化国家的首要任务，创新是引领发展的第一动力。在此背景下，专利体系的发展和专利价值的准确评估对于激发全社会的创新活力、保护创新成果、推动科技进步和经济发展具有不可替代的作用。同时，随着我国加入世界贸易组织，技术创新逐渐由吸收国外技术向自主研发本土技术转变，这一转变要求对专利价值进行更为精确的评估，以促进专利技术的推广应用，并适应社会主义现代化建设的需要。此外，现实中还存在着非正常专利申请的问题。我国最新修正的《专利法》引入了"非正常专利申请"的法理概念，旨在打击非正常专利申请或专利权滥用行为，这反映了在专利价值评估实践中存在的问题和挑战。这些问题不仅扭曲了专利申请的动机，而且对专利制度在促进技术进步和经济发展中的作用构成了挑战。

综上所述，本书的理论背景和现实背景共同指向了专利价值评估的重要性和紧迫性。在国家战略需求的驱动下，结合我国专利体系发展的实际，本书旨在深入探讨上市公司专利经济价值的估算理论，并基于中国上市公司的实际情况，构建和验证专利经济价值的指标体系。在全球化和知识经济日益发展的背景下，专利作为企业技术创新和市场竞争的重要工具，其价值评估对于企业战略规划、投资决策以及国家创新驱动发展战略的制定具有重要意义。然而，专利价值评估是一个复杂的过程，涉及技术特性、市场潜力、法律保护和企业战略等多种因素。本书将探讨如何结合中国资本市场的特点，提高专利价值评估的准确性和实用性，希望能够为推动专利经济价值研究的进一步发展，以及促进企业创新和国家创新驱动发展战略的实施，提供有益的理论和实践参考。

1.1.2　研究目的

如何评估专利的经济价值？这既是现实和理论的需求，也是本书研究的主要目的。为此，本书详细梳理了我国专利体系的演变，结合当前国家战略需求，利用上市公司丰富的数据评估专利的经济价值。为了探索上述问题，本书的研究目的可以细分为以下三个方面。

第一，在理论构建方面，本书立足于金融学的基本理论，尝试构建专利经济价值评估理论。从现有的理论来看，专利的经济价值评估可以分为定量和定性两大类方式。定性方式（如根据专利类型或者专利是否获奖等）大多只能区分高价值专利和低价值专利，难以在组内进一步估算专利的经济价值。定量方式则从调查问卷和专利续展数据等方式入手估算专利价值。上述方法虽然有其合理的一面，但是大多存在适用范围较窄和估算结果较为滞后等问题。因此，本书希望通过给出一个符合金融学原理和背景的估算思路，为后续构造专利经济价值测算指标的研究提供坚实的理论基础。

第二，在指标测算方面，本书试图突破现有的指标体系，以寻求更适合我国专利体系现状的衡量指标。目前，学术界已经提出了许多基于专利特征的代理指标，用以测算创新的质量，如专利的引用数等。然而严谨地讲，上述指标往往刻画的是专利的技术价值，而非经济价值。值得指出的是，我国专利体系与西方专利体系在专利引用等方面存在一定的制度差异，完全照搬上述指标用以测算创新质量并不合适。此外，现有指标仅考虑了专利授权后带来的经济价值，而没有考虑专利被驳回所产生的负面影响。本书希望将上述特性纳入统一的测算框架中，从而构建完整的专利经济价值测算体系。

第三，在应用方面，本书拟将所测算的专利经济价值应用至上市公司数据中，以考察何种因素能够显著影响上市公司的专利经济价值。近年来，我国的技术创新取得了不少进步，但是部分关键技术仍然受制于人。如何将前沿颠覆性技术应用于我国经济和社会发展，是学术界和实业界都关注的问题。本书立足于专利技术如何转化为经济收益的核心问题，希望丰富人们对于上述问题的认识，为相关监管部门提供相应的政策参考。

1.2　研究思路

为了研究我国上市公司专利经济价值的影响因素，本书将从理论和实证两个层面展开相应的研究。在理论层面，本书基于多阶段的实物期权理论模型提出基于公司股价数据估算专利经济价值的合理性，并提出测算我国专利经济价值的具体模型，为后续研究提供理论基础。在应用层面，本书将上述测算的指标作为创新质量的代理变量，分别从公司治理、融资情况以及非财务信息披露等角度实证研究这些因素对专利经济价值的影响。具体如图 1-1 所示。

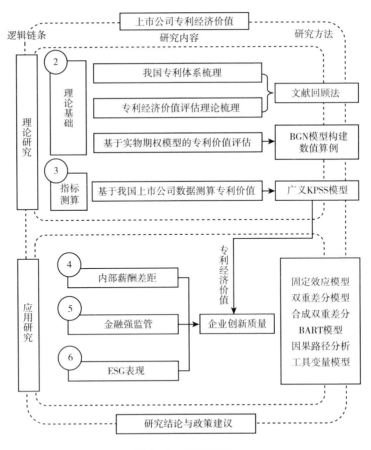

图 1-1　研究思路

1.3　研究内容

本书第 2 章深入分析了上市公司专利经济价值的估算理论。首先，回顾了中国专利体系的发展历程，从起步阶段到高质量发展阶段，强调了专利价值评估对于企业经济效益和国家创新战略的重要性。其次，探讨了专利价值评估的难点和意义，指出专利价值受多种因素影响，包括技术先进性、市场需求、法律保护等，并提出了基于不同理论的专利价值评估方法，如基于专利许可费现金流的估值方法、实物期权理论的估值方法、调查问卷和拍卖数据的估值方法以及基于企业数据的估值方法。再次，该章还基于实物期权理论模型，探讨了专利价值的变动情况，并通过数值算例分析了不同参数变化对于专利价值的影响。最后，该章总结了专利价值评估的复杂性，并对未来研究方向提出了展望。

本书第 3 章讨论了上市公司专利经济价值的指标构建。在现有文献的基础上，该章进一步梳理了专利质量的代理指标，特别关注了专利类型、专利引用数及其衍生指标。上述指标具有一定的合理性，但是无法全面刻画专利的经济价值。为此，该章构建了广义 KPSS 模型，扩展了原有的专利价值模型，不仅计算授权专利的价值，而且考虑被驳回专利的潜在经济影响。为了验证上述模型的适用性，该章利用 2000 ~ 2020 年中国国家知识产权局（CNIPA）数据库和中国证券市场会计研究（CSMAR）数据库的数据，对上市公司的专利经济价值进行了测算。结果显示，平均每件专利价值约为 771 万元，专利价值的分布较为分散。此外，该章还发现专利价值与市场反应之间存在显著的相关性，表明投资者确实在关注企业的专利申请情况，并通过股票交易将相关信息整合到股价中。虽然我国上市公司的专利价值相对较高，但与美国相比，尤其在高价值专利方面仍有较大差距。

本书第 4 章讨论了内部薪酬差距与企业创新价值。我国于 2015 年实施的国有企业薪酬改革显著降低了国有企业内部薪酬差距。该章利用 2011 ~ 2018 年上市公司专利和财务数据，实证检验了国有企业"限薪"与创新质量之间的因果关系。基于若干测度专利经济价值和技术价值的衡量指标，该章发现，相比民营企业而言，国有企业在薪酬改革之后创新质量有所下降，平均下降幅度约为企业总资产的 1.49%。可能的原因是经理人变得更为短视、不愿意承担风险，同时更替更频繁。然而薪酬改革具有显著的异质效应。基于合成双重差分法，该章发现，20% 的国有企业专利价值在薪酬改革后有所上升。薪酬改革的正面效应在员工创新更重要、竞争更激烈的企业中更加突出。由此可见，坚持"一企一策"是国有企业改革思路正确的方向。

本书第 5 章讨论了金融监管与专利经济价值。该章以《关于规范金融机构资产管理业务的指导意见》（以下简称资管新规）为准自然实验，选择 2014～2021 年中国 A 股非金融类上市企业为样本，探讨资管新规对企业创新产出的影响。基于广义 DID 模型和机器学习算法的因果识别模型均表明，资管新规的实施显著提高了企业的专利经济价值。机制检验发现，资管新规存在抑制金融投资和加剧融资约束两个截然相反的影响渠道，但是因果路径分析模型表明，抑制金融投资机制的影响程度是加剧融资约束机制的两倍，使得总体上展现出资管新规促进企业创新的净效应。此外，异质性分析发现，资管新规对国有、内部控制有效、高管具有金融背景、规模较大和竞争度较低行业的企业影响更为显著。该章的研究不仅证实了资管新规对企业创新的积极影响，而且还通过机器学习的方法进一步验证了其作用机理和主导机制。这些发现对于国家优化金融监管政策、推动实体企业创新具有重要的理论和实践价值。

本书第 6 章讨论了企业 ESG 表现与企业创新数量和质量。该章采用固定效应模型，以中国 2009～2021 年 A 股上市公司为研究样本，从企业人才结构、融资成本、内部薪酬差距和儒家文化等角度分析 ESG 评级对企业创新决策的影响机制。结果表明：（1）ESG 评级与企业创新存在显著的正相关关系；（2）企业通过提高自身的 ESG 表现来优化人才结构、降低融资成本及提高薪酬差距，进而促进其创新；（3）ESG 对企业的创新质量存在着正向影响，使企业更加注重质量创新决策（即专利经济价值更高）；（4）ESG 使企业更加开放，更愿意进行协同创新；（5）异质性分析显示，对于规模大、重污染类、劳动密集型以及处于垄断行业的企业，ESG 对其创新水平的促进效用更为明显。

本书第 7 章为研究结论与政策建议，总结了本书的基本结论以及对政策的建议。

1.4　研究创新

本书的理论构建具有系统性和完整性。从专利价值评估的基础理论，到薪酬差距、金融监管、ESG 表现和协同创新策略等特定领域的理论探讨，再到实证分析和政策建议，本书构建了一个逻辑严密、结构完整的理论体系。本书的具体创新点如下。

第一，本书通过跨学科的学术视角，将经济学、管理学、法学等学科的理论进行融合，构建了一个综合性的理论框架。这种融合不仅丰富了专利价值评估的理论基础，而且为理解企业创新提供了更为全面的视角。特别是在专利价值评估方面，本书引入了实物期权理论，这一理论的应用是对传统专利评估领域的突破，体现了本书在理论探索上的深度和广度。

第二，本书对专利价值评估的相关理论进行了深入分析和拓展。本书不仅回顾了基于专利许可费现金流的估值方法，而且探讨了基于实物期权理论的估值方法，并结合中国上市公司的实际情况，提出了基于企业市值的专利价值评估方法。本书所提的方法是对现有专利价值评估理论的重要补充，也是对传统理论的深化和发展。

第三，本书对内部薪酬差距与企业创新之间的关系进行了理论探讨，提出了薪酬差距可能影响企业创新的质量和方向。这一理论探讨丰富了现有文献中关于内部薪酬差距与企业创新关系的认识，为理解企业内部治理结构对创新活动的影响提供了新的理论支持。尤其是本书详细整理了各地级市出台的国企薪酬改革的配套政策，为相关研究提供了宝贵的材料。

第四，本书深入分析了金融监管政策，特别是资管新规对企业创新可能产生的影响。通过理论分析，本书提出了金融监管可能通过影响企业的融资环境和投资行为，进而影响企业的创新决策。这一理论分析为理解金融政策与企业创新之间的关系提供了新的视角。

第五，本书探讨了 ESG 表现如何通过影响企业的人才结构、融资成本和内部治理等因素进而影响企业的创新决策。这不仅拓展了 ESG 研究的领域，而且为理解企业社会责任与创新之间的关系提供了新的理论框架。

| 第2章 |

上市公司专利经济价值的估算理论

2.1　我国专利体系的发展

专利价值的评估不仅关系到企业的经济效益，而且对国家的创新驱动发展战略具有重要意义。党的二十大报告指出："经济高质量发展是全面建设社会主义现代化国家的首要任务。"以服务国家战略需求为导向，加快实施创新驱动发展战略，实现关键核心技术的突破，从而为经济社会发展提供新动能，是实现高质量发展的必然选择。在此过程中，专利体系旨在通过提供高质量的知识产权保护支撑经济社会的高质量发展。不难发现，保护知识产权就是保护创新，这对于激发全社会的创新活力具有重要作用。只有完善知识产权的确权功能，才能撬动存量专利、实现知识产权的运营。鉴于我国专利体系在专利价值评估中具有重要制度性影响，本节先回顾我国专利体系的发展历程。

2.1.1　起步阶段（1985~2000 年）

我国专利体系的确立可以追溯至 1985 年《专利法》的颁布实施，在此后的十余年里，我国专利体系处于缓慢但持续完善的过程。《专利法》的实施虽然鼓励了部分国内的技术创新，但是，由于我国处于技术吸收阶段，《专利法》更多是服务于完善营商环境、吸引外商进入的战略目标。

为适应国际标准和国内发展需求，我国于 1992 年和 2000 年先后两次修正《专利法》，以提高专利保护水平和鼓励创新。邢瑞淼等（2021）认为，由于 20 世纪 90 年代美国专利数量的快速增长，导致中美之间的知识产权摩擦日益凸显。1992 年，我国在与美国签订《关于保护知识产权的谅解备忘录》之后，同年对《专利法》实施了第一次修正。同时，中国的知识产权执法体系也出现了变革：原本专利执法职能由知识产权局（IPOs）在行政体系内执行。1992 年，人民法院成立专有部门处理知识产权保护案件和纠纷，形成了所谓的"司法—行政"双重的知识产权保护体系（Liang & Xue，2010）。

随后，2000 年前后，为满足世界贸易组织关于《与贸易有关的知识产权协定》的规定，我国又对相关知识产权法律制度进行了修正完善（即第二次修正《专利法》）。通过比较相关法案，我们不难发现，2000 年版本的《专利法》主要涉及专利权的授予和转让条件、强化专利保护和修改强制许可等若干方面。例如，在专利转让方面，"转让专利申请权或者专利权的，当事人应当订立书面合同，并向国务院专利行政部门登记，由国务院专利行政部门予以公告。专利申请权或者专利权的转让自登记之日起生效"。上述修正为专利作为可交易的无形资产奠定了法律基础。

第二次修正《专利法》旨在加强专利权的保护，鼓励科技创新，促进专利技术的推广应用，并适应社会主义现代化建设的需要。我国自加入世界贸易组织以后，国内的技术创新开始由吸收国外技术转化为自主研发本土技术。自 2000 年《专利法》修正以来，结合上述技术转移的势头，我国专利申请总量呈现快速增长趋势。

2.1.2　快速发展阶段（2001~2012 年）

随着国内本土自主研发技术的快速发展，人们开始逐渐意识到专利在其中的重要性。《中国统计年鉴》显示，在 2001 年《专利法》修正之后，我国专利申请数从 2002 年的 203 573 件快速增长至 2012 年的 2 050 649 件，增长接近 10 倍，其中发明专利总申请数更是从 63 204 件增长至 652 777 件。这充分表明了我国专利制度激发了国内创新者的热情。2004 年，由于我国专利申请数量的激增，国家知识产权局决定修改专利申请号，将原本的 9 位码升级为 13 位码：

公元纪年（4 位）+ 专利类型（1 位）+ 流水号（7 位）+ 小数点 + 校验码（1 位）

新修正的专利申请号能够反映出更加有价值的信息，如申请年份和专利类型等，大大方便了国内外发明者的专利申请，并沿用至今。

2008 年 6 月，国务院颁布了《国家知识产权战略纲要》，指出"到 2020 年把中国建设成为知识产权创造、运用、保护和管理水平较高国家"的战略目标。与此同时，我国开始了第三次《专利法》的修正。在此次修正中，主要实现了三个重要的修正：（1）专利授予与否取决于专利的"绝对新颖性"，即所授予的专利不仅在中国是新颖的，而且在全世界也应是新颖的。（2）增加了禁止滥用专利权的条款。（3）对专利侵权的赔偿制度进行了升级和完善，提高了对侵犯专利权行为的处罚力度，以此来增强专利权人的法律保护，提高侵权成本。总而言之，修正后的专利法在专利保护标准方面增加了与《与贸易有关的知识产权协定》（TRIPS）协定的一致性，这有助于中国更好地融入国际市场，促进国际合作（马兆鹏，2019）。然而，有证据表明，在此期间仍然存在一定的"战略技术领域保护"的现象，即外国发明者在某些领域仍然难以被授予专利（de Rassenfosse & Raiteri，2022）。这在一定程度上说明我国逐渐重视关键技术的自主研发。

值得一提的是，2007 年 10 月，《中华人民共和国物权法》（以下简称《物权法》）颁布，其中明确了债权人处置专利等知识产权的法律依据。该法案的颁布进一步保护了债权人的权益，完善了专利作为质押物的可流通属性。2007~2009 年，北京、上海和武汉等城市的专利质押贷款业务发展迅速，为后续专利质押工作的全国性推广打下了基础。伴随着《国家知识产权战略纲要》的出台，重点要求"促进知识产权创造和运用"，引导企业采取知识产权转让、许可、质押等方式实现知识产权的市场价值，国家知识产权局也同时启动了专利质押融资试点城市的评选工作。2008 年底，国家知识产权局决定开展全国知识产权质押融资试点工作，指导和规范专利权质押贷款行为。北京、长春等城市于 2009 年正式成为第一批国家专利质押融资试点城市。随后直至 2016 年，国家知识产权局先后启动了六轮试点城市工作，累计 68 个地级市成为专利质押融资试点城市，大大促进了我国专利质押融资的规模。

如前所述，我国专利体系的建设重点在这个阶段开始从"与国际接轨"

逐步转向"专利运营"的知识产权强国。以专利质押贷款为例，阻碍我国专利质押贷款的核心问题是专利价值的不确定性。由于我国专利交易和转让机制的不完善，银行、保险和其他金融中介机构难以直接处置作为质押物的专利，导致专利质押贷款的发放举步维艰（余明桂等，2022）。此外，知识产权保护也是强化专利作为无形资产角色的重要手段（聂长飞等，2023），保证专利用于质押时不会受到侵权的影响。但是现有文献大多认为，中国知识产权保护制度相对较弱（Brander et al.，2017；Xiao et al.，2013），虽然随着《专利法》的第三次修正、对外开放持续深入以及企业所有权结构的变化而有所提升，但是远远未能实现知识产权高质量发展的战略目标。

2.1.3 "大国"向"强国"转型阶段（2013～2019年）

2012年是我国知识产权的里程碑，奠定了我国成为专利申请第一大国的地位。2012年12月11日，世界知识产权组织（World Intellectual Property Organization，WIPO）发布了《2012年世界知识产权指标》报告，指出"2011年，中国国家知识产权局受理来自国内外发明专利申请52.6412万件……超过美国的50.3582万件"。但是我国知识产权体系仍然处于大而不强的境地。例如，部分研究认为，在我国知识产权保护较弱的情况下，中国专利申请数量激增的现象难以由研发投资增长所解释（Hu & Jefferson，2009）。相反，外国直接投资（foreign direct investment，FDI）的增长显著促进了国内企业的专利申请，这表明，与外国企业的竞争提高了中国企业对专利战略价值的认识。

我国成为专利大国后，政策转向提升专利质量和强化专利保护，推动专利技术产业化应用，促进经济体制变革。2012年底召开的党的十八大明确提出"实施创新驱动发展战略"，认为"科技创新是提高社会生产力和综合国力的战略支撑，必须摆在国家发展全局的核心位置"。2015年，《中共中央国务院关于深化体制机制改革加快实施创新驱动发展战略的若干意见》指出要"建立知识产权质押融资市场化风险补偿机制，简化知识产权质押融资流程。加快发展科技保险，推进专利保险试点"的工作要求。

实际上，自党的十八大以来，我国在积极探索如何撬动知识产权存量，发挥"知产"和"资产"的联动效应。例如，自2012年起，国家知识产权局开展了知识产权示范城市建设，以武汉、广州等23座城市作为首批示范城市。同时，国家知识产权局也批准了44个地区开展专利保险试点工作。这些措施的落地为我国发挥知识产权存量大国优势，鼓励关键核心技术自主创新提供了较为完善的制度基础。

值得指出的是，随着我国日益重视技术创新，各级政府和部门相继推出了各种"激励"和"补贴"政策，以期建设成"知识产权强省"或者"知识产权强市"。例如，《辽宁省发明专利申请费用补助资金管理办法》规定："已授权的中国发明专利申请费和实质审查费，按实际发生额补助；申请国外发明专利国际阶段申请费用，按每件人民币5 000元补助，每件最多补助三个国家的费用；列入国家或辽宁省的专利工作示范、试点企事业单位的被授予中国发明专利权的职务发明专利相关费用，按每件人民币4 000元补助，一项专利只补助一次。"不难发现，发明人申请专利时几乎是零成本，这也大大刺激了我国发明者专利申请的热情。党建伟和元桥一之（Dang & Motohashi, 2015）、陈志远和张杰（Chen & Zhang, 2019）均发现专利补贴制度增加了约30%的专利申请，但是大部分是低质量专利。但是也有研究发现，我国专利补贴制度能够较好地提升专利申请数量和质量（Lin et al., 2021）。此外，专利补贴引起的资源错配问题也值得学界和政府有关部门深思。魏尚进等（Wei et al., 2017）指出，相比民营企业，我国国有企业更容易获得研发方面的补贴，但是实质上大部分高质量创新来自民营企业。

总结相关文献，结论出现前后不一致的核心原因是对专利质量的评估指标存在差异。虽然专利数量在2012年以来仍然保持高速发展，但是专利质量能否也随之提升仍然是尚未得到回答的问题。现有文献大多采用简单的"发明专利质量优于实用新型专利和外观设计专利"等经验式判断（黎文靖和郑曼妮，2016；Ang et al., 2014），难以为学界和业界提供具有可操作性的专利估值标准，这也导致了我国专利运营止步不前的局面。

2.1.4 高质量发展阶段（2020年至今）

2019年新冠疫情暴发之后，全球经济环境和政治形势出现了新的变化。为了更好地适应我国经济高质量发展的内在要求，我国《专利法》启动了第四次修正，以期通过法律手段促进科技创新和产业升级。2020年10月，新修正的《专利法》正式出台，标志着我国专利体系进入了一个新的高质量发展阶段。此次修正的核心目标是加强专利权的保护，促进专利技术的实施和运用，以及完善专利授权制度，从而为创新驱动发展战略提供坚实的法律保障。上述实质性的变动主要是外观设计专利的保护期延长至 15 年、新增专利开放许可制度，以及侵犯专利权的赔偿数额最高可达 500 万元。这些新修正的条款不仅集中体现了我国系统性提升专利保护水平的努力，而且也反映了促进专利制度高质量发展的战略意图。在全球化和知识经济快速发展的今天，高质量的专利保护制度对于激发创新活力、保护创新成果、推动科技进步和经济发展具有不可替代的作用。因此，新修正的《专利法》的出台，无疑将为我国经济的高质量发展注入新的活力，同时也为全球知识产权保护提供了中国方案。

有别于历次《专利法》中鼓励专利申请的态度，本次《专利法》修正正式引入了"非正常专利申请"的法理概念。修改后的《专利法》第二十条引入诚实信用原则，即"申请专利和行使专利权应当遵循诚实信用原则，不得滥用专利权损害公共利益或者他人合法权益"。立法者希望利用这一条款打击非正常专利申请或者专利权滥用行为。

所谓的"非正常专利申请"，是指专利申请人通过弄虚作假、拼凑专利申请等不正当手段，试图在专利审查过程中蒙混过关，导致低质量专利大量出现。这种现象与我国早期为了鼓励创新而实施的大力补贴专利申请的政策密切相关。虽然这种政策在一定程度上促进了专利数量的增长，使得我国专利数量跃居全球第一，但是同时也引发了关于专利质量是否真正得到提升的学术争论。正如前述文献所指出的，非正常专利申请的主要动机在于利用政府的专利申请资助政策或高新技术企业税收优惠政策的漏洞，骗取政府的资助、补贴或其他优惠待遇。这种做法不仅浪费了政府的财政资源，而且扭曲了专利制度的初衷，即通过法律手段保护和激励真正的创新活动。此外，非正常专利申请的存在还可能导致专利数据库的膨胀，使得真正有价值的专利难以被有效识别和利用，从而影响了专利制度在促进技术进步和经济发展中的作用。

可以看到，非正常专利申请成本低廉是此种行为屡禁不止的重要原因。国家知识产权局也开始严厉打击非正常专利申请行为，切实推动我国从知识产权引进大国向创造大国转变，从追求数量向提高质量转变。实际上，早在

2017 年国家知识产权局就出台了《关于规范专利申请行为的若干规定》，对于非正常申请的情况予以界定，并且规定了相应的处罚措施，包括不予减缴专利费用、在网站和报纸上予以通报并记入全国信用信息共享平台、各级知识产权局不予资助或者奖励并追缴已发放的奖励等。2018 年，国家知识产权局联合 37 个部委发布《关于对知识产权（专利）领域严重失信主体开展联合惩戒的合作备忘录》，将不正常的专利申请行为列为主要的打击对象之一，并联合多部门执行惩戒措施：如限制政府性资金支持、补贴性资金和社会保障资金支持等。然而，上述规定只是限制性措施，并没有对专利申请人直接实行行政处罚。而《专利法》的修正为针对上述非正常申请人实施警告和罚款提供了法律依据。

此外，国家知识产权局也着手在"需求侧"降低非正常申请行为的收益。2022 年 1 月，国家知识产权局发布了《关于持续严格规范专利申请行为的通知》，重点要求各级地方知识产权管理部门"逐步减少对专利授权的各类财政性资助，每年至少减少 25 个百分点，直至在 2025 年以前全部取消"。与此同时，"不得直接将专利申请、授权数量作为享受奖励或资格资质评定政策的主要条件"。这些措施的实施，不仅有助于减少非正常专利申请的数量，而且有助于提升专利的整体质量。通过减少财政性资助和改变评价体系，可以鼓励申请人更加注重专利的创新性和实用性，从而促进了专利技术的实际应用和产业化。这将有助于我国从专利大国向专利强国转变，为经济的高质量发展提供更加坚实的创新支撑。

2.2　专利价值评估的相关理论

前面我们主要回顾了我国专利体系的发展历程，以我国《专利法》的修正历程作为主线，详细探讨了专利体系保护重点的变迁，以及专利体系对经济社会发展的影响。从上述发展趋势来看，我国在专利申请量快速增长的同时，专利质量的提升仍是一个需要关注的问题。专利价值评估对于企业经济效益和国家创新驱动发展战略的重要性日益凸显，对于激发全社会的创新活力具有重要作用。

然而，专利经济价值评估是一项系统而复杂的工作，对于企业经营和国家创新都具有重要意义。随着研究的深入，学界越来越重视专利评估工作。本章基于现有研究，梳理关于专利价值评估的若干理论方法。[①]

2.2.1　基于专利许可费现金流的估值方法

传统金融学理论指出，在估计投资项目价值时，通常采用的是现金流的净现值（net present value）。因此，现有研究在为专利估值时，很自然地将其视为一个项目，并基于现金流进行估计。为此，豪斯曼和莱昂纳德（Hausman & Leonard，2007）提出将专利许可费（licensing fees）作为专利项目的现金流。假设一个专利持有者选择将专利许可给其竞争对手，那么所收取的专利许可费应当至少弥补了他自己实施该专利所能获得的利润（即机会成本）。豪斯曼和莱昂纳德（2007）将其称作最小可接受许可费（minimum acceptable royalty）。假定该专利能够用于生产与专利持有者存在竞争关系的产品，那么通过估计许可前后市场需求的变化，就可以计算出由于自己不实施专利而损失的利润，从而得到最小可接受许可费。榊原真理子（Sakakibara，2010）曾经利用日本非营利组织的专利许可合同数据，考察了影响许可费率的因素。其中，双方的议价能力和专利未来的盈利能力是较为重要的两种因素。结果表明，大型许可方可能倾向于许可较小且盈利能力较低的发明，而大型、技术密集型的被许可方可能因为较强的议价能力而支付较低的许可费率。此外，研究组织作为许可方时可能会因为议价能力较弱而收取较低的许可费率。由此可见，专利许可费的现金流在最小可接受许可费之上，还有许多相关的影响因素。

正如阿姆拉姆（Amram，2005）所指出的，传统的现金流折现法（discounted cash flow，DCF）难以满足专利价值评估的需求。首先，大部分专利没有提供专利许可的机会，因而采用现金流的估值方法将难以推广至大部分专利。其次，DCF 模型通常无法充分捕捉到未成熟技术或专利所固有的高风险性。这些资产的发展和商业化过程中存在许多不确定性，而 DCF 模型往往假设现金流是可预测和确定的。在预测时，DCF 模型通常需要对未来的现金

---

① 本章重点关注的是专利的经济价值。对于更为广泛用于衡量专利技术价值的相关指标（如专利被引用数等），可以参考本书第 3 章。

流、增长率和贴现率进行预测，这些预测在早期阶段往往是高度不确定的。同时，DCF 模型的结果却对这些参数的选择非常敏感，从而可能带来误导性的估值结果。最后，早期技术和专利往往涉及多个发展阶段（multi-stages），如研发、初试、中试等。在不同的阶段中，管理团队可能需要根据新的信息和市场反馈相机作出抉择。DCF 模型通常难以反映阶段性的动态变化，它依赖于固定的现金流预测，而不是动态的决策过程。

尽管存在诸多弊端，DCF 在专利价值评估中仍然是一个重要的理论基础。DCF 模型的核心在于通过预测未来的现金流并将其折现到当前时点来评估资产的价值，它为其他更复杂的评估模型提供了基本逻辑框架，帮助评估者理解专利价值评估的基本构成要素。DCF 模型的局限性也促使评估者寻求更高级的评估方法，如基于实物期权理论的估值方法（real options based valuation）。

2.2.2　基于实物期权理论的估值方法

实物期权理论的基本思想是将金融期权的原理扩展到实物资产（如专利）上，通过识别这些资产中固有的权利—义务非对等性和战略选择的价值来评估专利价值。实物期权的原理是构建一个具有不确定性的现金流，而专利赋予持有者实施或舍弃该专利项目的权利（而非义务）。该方法考虑了未来市场条件的不确定性和风险，允许评估专利可能带来的各种商业机会，包括推迟、扩展或放弃创新项目的能力。此外，相对于 DCF 模型而言，通过改变实物期权的具体模型设定，如现金流的来源、期权的执行方式等，研究者可以刻画更复杂的情形（如缺少专利许可或者专利实施的数据）。

首先，专利持有人的续费（renewal）决策能够提供专利私有价值的信息。派克斯（Pakes，1986）最早采用这种做法研究专利。他假定专利持有人需要支付年度续费（renewal fees）以维持其有效性，类似于期权持有人行使期权的权利。同时，专利持有人存在一定概率挖掘出该专利在未来的用处，从而提供了大量可观的回报。从前面的假设可知，专利实质上为持有人提供了一个未来行权的权利。因此，即便专利当前提供的现金流低于续费成本，专利持有人也可能继续支付这笔专利有效维持费。派克斯（1986）的模型考虑了专利持有者在创新过程中的不确定性，以及他们通过实验和市场反馈逐步揭示专利潜在价值的学习过程。派克斯（1986）采用了马尔可夫过程来描述专利收益随时间的不确定性变化，并使用模拟频率方法来估算专利退出（即不再续费）的概率。通过最大似然估计方法，派克斯（1986）从英法德三国的专利申请和续费数据中得到了模型参数的估计值，并分析了这些参数对于理解专利价值的影响。研究结果表明，专利的价值分布是高度偏斜的，即大多数专利可能价值有限，但少数"大赢家"专利的价值非常高，这与市场上对专利价值的普遍认知相一致。

沿着上述思路，沙克曼和派克斯（Schankerman & Pakes，1986）继续使用了来自英法德三国专利局的数据，考察第二次世界大战后专利价值的分布。他们假设每个专利群体（cohort，即具有同一申请时间的所有专利）的初始收益分布是已知的，并随时间确定性衰减。专利持有者的目标是选择一个最优的专利寿命，以最大化预期的折现净收益。结果表明，专利数量的增加并不一定意味着专利价值的增加，因为专利的"质量"（即平均价值）可能同时发生变化。他们发现，在 20 世纪 60 年代中期到 70 年代，上述三国的专利权平均价值有所增加，同时专利数量有所下降。这表明，单纯依赖专利数量来衡量专利价值的趋势可能会产生误导。随后，兰尤尔等（Lanjouw et al.，1998）利用上述续期数据，为专利申请数量构造了基于"专利价值"的权重，从而对创新产出实现了修正。基于上述修正的指标，他们讨论了专利法所创造的专有权利的价值在不同的法律制度下将如何变化。类似地，沙克曼（Schankerman，1998）基于上述专利续费数据，计算了专利保护在不同技术领域内的私有价值。更进一步地，沙克曼构造了一个等效补贴率（equivalent subsidy rate）的度量，以表示如果取消专利保护，需要支付给研发执行者多少现金补贴以产生相同水平的研发活动。研究发现，专利保护提供了相当大的激励，但其重要性在不同技术领域和国家之间存在显著差异。例如，专利保护在机械和电子领域的专利中相当于研发现金补贴率的 15% ~ 35%，而在制药和化学领域的专利中只相当于 5% ~ 10%。

上述方法提出后，得到了国内外部分学者的认可，并应用至各国专利价值的评估中。例如，基于欧洲专利局的数据，有学者发现，向欧洲专利局递交申请的专利价值要高于向本国递交申请的专利价值，而且这种价值差异在欧盟成员之间较为显著（Deng，2007）。格伦奎斯特（Grönqvist，2009）基于续费决策研究了芬兰的专利私有价值，发现续费每多 1 年，专利价值则多出 1.5 倍。塞拉诺（Serrano，2011）则进一步将专利所有权人的决策分解为不续费、续费和出售，并利用美国专利所有权人变更信息，估算出专利交易的价值大约占所有专利总价值的50%，而从这些交易中获得的收益仅占交易价值的10%。基于中国的数据，张古鹏和陈向东（Zhang & Chen，2012）以及张古鹏等（Zhang et al.，2014）对中国专利价值进行了估算。与前述文献研究结论大致类似的是，张古鹏和陈向东（2012）发现了知识产权保护对中国专利价值的影响较为可观，而张古鹏等（2014）则发现国内发明人申请的专利价值要低于国际发明人申请的专利。

然而，仅仅依赖于专利续费的信息，在估计数据时存在若干潜在的不足。第一，研究者需要较长的专利数据才能完整地估计专利价值。根据派克斯（1986）的研究，大部分专利的退出时间在5～10年。由此推论，对于2024年授权的专利，需要2034年的数据才能完整估计专利的价值。第二，该方法针对的是一个类别（cohort）的专利价值进行参数估计，然后再通过抽样的方式，估算整体的价值分布，以推断专利价值。在抽样过程中，具体的分布选择将影响最终的估算结果。第三，对于没有被授权的专利，上述方法难以提供相应的价值估算。因此，数据滞后性以及要求授权专利数据使得基于续费决策的实物期权模型的应用并不广泛。

进入21世纪，学术界开始将目光由某个专利的价值转向考虑专利保护的研发项目价值（Haneda & Odagiri，1998）。该类文献认为，通过实施专利以获取收益是专利持有人的实物期权（Bloom & Van Reenen，2002；Huchzermeier & Loch，2001），因此，在考虑专利价值时需要结合其基础资产（underlying assets）进行建模。例如，施瓦茨（Schwartz，2004）考虑了医药行业的实际情况，将研发项目区分为研发阶段和销售阶段。医药企业高度依赖于专利体系。当药物研发成功后，医药企业将申请相应的专利，从而保护研发项目销售阶段的利润收入。因此，施瓦茨（2004）的实物期权模型综合考虑了研发阶段的成本不确定性、销售阶段的现金流不确定性，以及可能导致项目在完成前终止的突发性事件，并允许医药企业在成本高于预期或者收益低于预期的时候，放弃相应的研发项目。结合蒙特卡洛（Monte Carlo）模拟法，施瓦茨（2004）发现，成本不确定性的增加会提供更多学习的机会，从而增加项目的价值，而现金流不确定性的增加则可能提高放弃选项的期权价值。与之类似，恩斯特等（Ernst et al.，2010）则将施瓦茨（2004）的研究方法从单一投资机会的评估推广至研发项目价值的影响因素研究。恩斯特等（2010）明确区分了专利价值和专利保护项目价值，他们通过比较有专利保护和无专利保护（即存在侵权行为时）的同一研发项目来确定专利本身的价值，发现有专利保护时研发项目的价值更高。

施瓦茨（2004）的研究表明，实物期权模型特别适用于评估那些具有多个发展路径和决策点的研发项目。在这个思路下，贝尔克（Berk et al.，2004）构造了一个多阶段研发项目实物期权模型（以下简称 BGN 模型）。和前面的模型不同的是，BGN 模型有两个重要特性。其一，BGN 模型假定在激活项目时，企业需要支付一笔成本（即研发投资），同时允许企业在任意时刻暂停研发项目，仅当现金流足够高时重启项目。这种暂停的可选择权提供了额外的价值。其二，BGN 模型引入了跳过程，从而刻画了在研发项目被激活时，研发进程进入下一个阶段的概率。上述两个特性使得研发项目存在由实物期权而导致的系统风险，从而能够很好地解释研发投资存在溢价的问题（Hirshleifer et al.，2013；Hsu，2009）。

值得指出的是，BGN 模型假定现金流是永久持续的，这与施瓦茨（2004）模型中项目存活有效期的假定存在一定差异。恩斯特等（2010）据此认为 BGN 模型较为脱离现实。但是 BGN 模型的好处在于其可以提供解析解，同时其参数含义丰富，能提供许多丰富的扩展。例如，加尔拉比（Garlappi，2004）在 BGN 模型的基础上考虑了研发竞赛问题，从而讨论研发中的先发优势。也有学者在 BGN 模型中引入了融资约束，即企业为了对研发投资进行融资，会对研发项目进行质押，其质押率由外生参数 p 来控制（Li，2011）。顾礼峰（Gu，2016）基于 BGN 模型，将技术的淘汰率与市场竞争联系起来，讨论市场竞争、研发投资与特质收益率之间的互动关系等。布兰当等（Brandão et al.，2018）和迪尼等（Deeney et al.，2021）保留了 BGN 模型的多阶段特性，并考虑了现金流有限期的实际情况，将其用于研究医药行业和二氧化碳循环技术的研发项目评估。由此可见，BGN 模型是目前讨论研发项目评估中被广泛接受的模型之一。本章后续将以 BGN 模型作为基础，对其稍加修正，以实现专利价值评估的目的。

2.2.3　基于调查问卷和拍卖数据的估值方法

和前面两种方法不同的是，部分学者并没有利用任何数理模型，以避免人为施加了不合理的假设。相反，这部分学者直接收集专利价值的一手数据，即主要通过调查问卷或者拍卖数据等方式，以估算专利价值。

部分文献基于调查数据，由专利持有人自行估计专利的经济价值。哈霍夫等（Harhoff et al.，1999）对美国和德国的964项发明专利持有者进行电话调查，获取了这些专利的私人经济价值估计。这些受访者要求回答以下问题：当你知道专利后续的收益变化时，你愿意以多少价格将专利卖给善意第三方？调查结果和基于模型的专利价值估计结果类似，专利经济价值的分布高度有偏，大约12.9%的德国受访者和大约9.4%美国的受访者估计自身专利价值将落在最高一档。此外，他们发现，专利的经济价值与其在后续专利和文献中的引用频率成正比。上述专利价值分布的有偏性和与引用正相关性构成了专利价值测算的基础。值得指出的是，哈霍夫等（Harhoff et al.，2003）对同一份样本进行了建模，发现对数正态分布能够较好地拟合专利价值的数据。这为后续专利价值建模提供了实证参考。

随后，不少文献也采用调查问卷数据研究专利价值，以估算专利保护所带来的经济影响，即所谓的"专利溢价（patent premium）"。例如，阿罗拉等（Arora et al.，2008）基于1994年卡内基梅隆大学对美国制造业部门的工业研发调查（CMS）数据，估计了专利保护对创新价值的增量。他们无法得知每个专利的私有价值，但是他们通过构建结构模型，假定私有价值是一系列可观测的企业和行业特征的线性组合，并将其与研发投资的数据结合到一起，从而估算专利保护带来的溢价。对于已经获得专利保护的创新，文献中指出，企业平均可以获得比没有专利保护时高出大约50%的价值，但是行业之间呈现较强的异质性。对于医药行业而言，专利保护的价值更强，这与前述基于专利续费估算的结果是大致类似的（Grönqvist，2009）。朱里等（Giuri et al.，2007）对9 017项欧洲专利发明的发明者进行的调查，提供了关于欧洲发明者的特征、他们知识的来源、正式和非正式合作的重要性、发明的动机以及专利的实际使用和经济价值的新信息。在估算专利价值方面，研究者要求发明者提供他们对专利发明价值的最佳估计，具体是要求发明者估计在专利授予之日，专利所有者（无论是公司、其他组织还是发明者本人）会出售专利权的最低价格。他们发现，专利价值的分布高度有偏，少数专利产生了大部分经济回报。

上述文献重点考虑了已授权专利的价值，但是忽略了被驳回专利的价值。

实际上，被驳回的专利申请可以为研究者提供了比较基准，有助于评估获得专利保护的发明的额外价值，从而更好地估计专利溢价。詹森等（Jensen et al.，2011）认为，即使专利申请被驳回，一些发明可能仍然具有商用潜力，而且专利审查员在审查专利时通常只考虑其技术价值（如新颖性、创造性和实用性），而忽略了商用潜力。其结果表明，获得专利授权的发明比未获得专利授权的发明具有更高的价值，获得授权的发明价值平均要比其他专利高出约40% ~ 50%。

随着科学技术的发展，企业越来越倾向于申请一系列的专利以保护某个核心的关键技术。因此，甘巴德利亚等（Gambardella et al.，2017）重点探讨了专利组合（patent portfolio）的估值问题。他们基于欧洲专利局的调查问卷，询问专利的发明者在专利授予当天，如果潜在竞争对手对专利感兴趣，愿意支付的最低价格。此外，他们还考虑了专利组合的规模，即专利组合中密切相关的专利数量，并利用这些数据来估算专利组合的价值。研究结果表明，专利组合的价值不仅取决于单个专利的质量，而且取决于组合中专利的数量。如果发明者完善核心技术的相关特性（即提高了技术价值），那么其边际收益将快速下降（即经济价值增长幅度不大）。由此可见，技术价值并不完全等价于专利的经济价值。

近年来，部分文献从专利的交易数据入手，获取专利的私有价值。例如，费希尔和莱丁格（Fischer & Leidinger，2014）指出，新成立的一些专业的专利交易平台允许研究者直接观察到专利的私人价值。以 Ocean Tomo 为例，它是一个提供定期专利拍卖的平台，研究者利用这个平台的拍卖数据来实证测试专利价值指标对真实世界拍卖价格的预测能力。他们发现，专利的被引用次数、专利家族规模以及 IPC 类别数量是预测专利价值的有力指标。尽管单一的专利特征如被引用次数（forward citation）和同族规模（family size）对专利价值的解释能力有限，但这些指标的组合模型可以解释专利价值的大部分方差，这再次说明专利的技术价值和经济价值之间存在一定的差异。

借助于中国科学院所提供的中国专利拍卖的公开数据，尹志锋和孙震（Yin & Sun，2023）也考察了什么因素能够解释专利的私有价值，并将专利的起始价格视作专利私有价值的代理变量。和国外研究结论不同的是，他们发现，专利家族大小和专利受让人数量（number of assignees）能够较好地解释专利初始价格，但是专利被引用数在预测专利价值时并不具有较强的解释力。尹志锋和孙震（2023）提到了以下几个可能的原因。第一，中国的专利申请人并没有义务去了解已有技术。根据中国国家知识产权局（CNIPA）提供的《专利审查指南》，专利申请人并没有强制要求像美国那样尽可能地披露已有的相关技术，这导致超过 80% 的引用是由审查员而不是发明人作出的。相比之下，在美国，大约 70% 的引用是由申请人提交的。第二，审查员的忙碌程度。由于中国专利申请的爆炸性增长，中国专利审查员的工作量显著高于美国专利商标局（USPTO）或欧洲专利局（EPO）的审查员。例如，即使在近年来中国国家知识产权局大幅增加了专利审查员团队后，2020 年 CNIPA 每个审查员平均要处理的发明专利申请数为 109 件，而 EPO 为 46 件，USPTO 为 74 件。第三，审查员的激励结构和治理因素。审查员的激励结构（如人员流动、在职经验、工资和社会认可）以及治理因素（如政府对专利数量的关注）都可能对专利系统的有效性产生影响。审查员的激励与审查的专利质量并没有直接挂钩，而是受到政府部门对专利通过率的干预，因而可能影响专利引用中所蕴含的价值。

从上面的研究来看，基于专利调查和拍卖数据收集专利价值信息也存在潜在的问题。第一，调查问卷的做法虽然能够直接获得一手数据，但是其调查的对象始终有限，难以直接应用至所有专利。第二，调查问卷的制作和发放具有较高成本，随着专利申请数量的指数式上升，完全通过调查问卷获取专利价值难以直接推广。第三，和基于专利许可费估算专利价值的方法一样，基于拍卖数据得到专利价值往往只能用于存在交易的专利，而且用于拍卖的专利可能存在潜在的样本自选择性。经济价值较高的专利更可能被用于交易。因此，从这类数据中构建的实证模型能否应用至其他专利仍然是未知的。尽管如此，这类文献的结果仍然为学者提供了对于专利价值关键的一手资料。尤其是专利被引用数与专利价值之间可能存在一定的割裂关系，这难免引发人们思考专利被引用数与专利经济价值之间的内在关系。

2.2.4　基于企业数据的专利价值估算

部分学者更倾向于采用基于专利和企业特征来构建数据驱动型的模型，从而代入相应数据以测算专利价值。更重要的是，这类研究更关注专利质量或者价值与其他企业变量之间的关系，而不是仅考虑估算单个专利的价值。尽管如此，这类文献也丰富了我们对于专利价值评估的认识。

格里利谢斯等（Griliches et al.，1987）最早回顾了基于专利特征与企业各投入要素之间关系的相关研究，例如，他们的研究表明，公司的研发支出与专利申请数量之间存在显著的正相关关系。此外，公司在不同技术领域的专利分布、经济环境、行业特性和公司特定战略等都会对专利价值产生影响。格里利谢斯等（1987）在研究中指出了最重要的一点，即部分研究者使用了股票市场价值来评估专利作为发明活动指标的有效性，并研究了专利、研发和股票市场回报率之间的动态关系。这个观点虽然是基于实证研究得来的，但是可以和前述 BGN 模型很好地结合起来：当我们将企业视为研发项目的持有者时，项目的价值将反映在企业市值上。

随后，部分学者沿着这个脉络，开始研究专利与企业市值之间的联系。霍尔等（Hall et al.，2005）和霍尔等（Hall et al.，2007）估计了企业所申请的专利如何影响其市值。他们假定，企业的市值（V）与知识资本（K）和实物资本（A）之间存在线性关系，即 $V = q(A + K)$，因而两边取对数后可以得到托宾 $Q(V/A)$ 与知识资本占比（K/A）之间的非线性关系。霍尔等（2005）将研发投资、专利存量以及专利被引用量作为知识资本的代理指标。实证结果表明，专利引用数量与公司的市场价值显著相关。每项专利的额外引用可以提升市场价值约 3%。他们强调了专利引用在衡量公司知识资产价值方面的重要性，并指出了不同因素对专利价值的影响。研究结果表明，专利引用不仅是技术创新的指标，也是市场对公司未来现金流预期的反映。与之类似，布伦代尔等（Blundell et al.，1999）和托伊瓦宁等（Toivanen et al.，2002）考虑了英国企业申请的专利与其市值之间的关系。

贝森（Bessen，2009）指出，基于专利续费的现有文献中的估计可能低估了专利的经济价值。他认为，首先，专利价值的分布通常是高度有偏（skewed）的，即大多数专利可能价值不高，而少数专利可能具有极高的价值。如果专利价值的分布具有"厚尾"特性，那么基于续费行为的估计可能无法充分捕捉到这些高价值专利的贡献。其次，专利续费决策可能受到多种因素的影响，包括专利持有者的财务状况、市场条件、技术发展等。这些因素可能导致一些有价值的专利未被续费，从而使得基于续费行为的专利价值估计偏低。再次，专利持有者选择续费专利的行为可能受到其对专利价值主观评估的影响，这种主观评估可能与市场对专利价值的客观评估存在偏差。最后，专利不仅具有直接的经济价值，还可能具有战略价值，如作为市场进入壁垒或交叉许可的筹码。这些战略价值可能在续费行为中没有得到充分体现。为此，贝森（2009）采用上述市场价值回归模型来评估专利租金的上限。这是因为专利可以为公司提供一定的技术壁垒和市场权力（market power），从而获取超额利润（也即专利租金）。他发现这个租金上限可以高达 37 万美元，远大于基于续费行为估算的 17 万 ~ 19 万美元（Schankerman & Pakes，1986）。

不同性质的专利会对企业价值产生异质性影响。贝伦森（Belenzon，2011）通过专利引用数据来衡量专利的价值，特别是通过分析公司是否在其后续发明中重新利用了其过去的发明（即"知识重组能力"）。实证结果发现，公司通过将其过去的发明与后续的外部创新结合起来，能够显著提高其市场价值。在不同的重组类型当中，公司的内部引用（即该专利的引用直接或间接地来自本公司）与市场价值正相关，而外部引用（即该专利的引用并非来自本公司）与市场价值负相关。作者认为，这体现了公司的知识重组能力，是影响其市值的关键因素。

艾布拉姆斯（Abrams et al.，2018）也发现了专利引用数与专利价值之间存在倒"U"型关系。他们将专利价值定义为非执业实体（NPEs）持有的专利在其授权期间所产生的许可收入的总和，并讨论了生产性创新（productive innovation）和策略性创新（strategic innovation）与专利价值之间的关系。生产性创新符合传统经济观点，即专利作为社会与发明人之间的一种契约，通过授予有限的排他性权利来促进创新的公开和知识的扩散，从而推动经济增长。这类创新的专利价值与其被引用次数正相关。与生产性创新不同，战略性创新旨在保护已有的高价值创新。这既可能通过产品市场上的积极商业化，也可能通过所谓的"专利围栏"策略来实现，后者旨在扩大已有专利的保护范围。这种做法可能会阻碍后续创新，从而导致引用次数与专利价值之间产生负相关。两种效应结合到一起，则会导致倒"U"型关系。

在中国，专利的平均经济价值并不低。例如，李诗等（2012）利用中国的数据考察了不同类型的专利对公司价值的影响。他们发现，上市公司专利每增加 1 项，公司市值将增加 223 万元。但是这种边际效应在不同类型的专利之间存在明显差异：发明专利、实用新型专利、外观专利每增加 1 项，上市公司的市值分别增加 309 万元、260 万元和 159 万元，其中发明专利的边际价值接近外观专利的 2 倍。龙小宁等（2018）对此估计的结果则为每件专利的平均价值约为 685 万元，且公司所在地区的知识产权保护强度每提升 1% 将使上市公司发明、实用新型、外观设计的价值分别提升 128 万元、10 万元、15 万元。

专利价值分布的高度有偏性也会对企业价值产生相应的影响。自从 1995 年软件在美国普遍可获专利以来，学术界和业界围绕着这种趋势一直存在广泛争议。支持者认为软件专利化促进了软件组件的重用，有利于信息技术的发展。反对者则认为软件专利通常质量低下，抑制了创新，并对开源创新模式产生负面影响。为了解决这一问题，霍尔和麦克加维（Hall & Macgarvie, 2010）考察了法院重要裁决对信息和通信技术（ICT）公司股价累计异常回报的影响，并分析公司市值、所在行业及其软件专利持有量之间的关系。证据表明，硬件公司专利创新的技术重要性或质量对市场价值有影响，但对于软件公司，边际专利权本身与市场价值增加的关联不明显。有趣的是，如果公司申请了具有较高引用的专利时，那么企业价值会提升；但是如果专利没有较高引用时，则企业价值会下降。由此可见，专利价值的下界并非完全为零，在给定专利质量没有变化时，额外申请的低质量专利将损害企业的市值。

上述文献重点考察了专利存量和市值水平值（level）之间的关系，但是其与市值的变化值（change）之间是否也有关系？奥斯汀（Austin, 1993）基于事件研究法（event study）考察了 20 家市值最大生物技术公司拥有的专利私有价值。奥斯汀（1993）使用资本资产定价模型（CAPM）作为基准模型，将专利授予作为事件，并使用短期事件窗口（通常为 3 天）来分析。通过计算专利授予期间的平均超额回报，作者估算了专利的相对现值，并认为这些超额回报反映了各种类型专利的正确相对现值，并且代表了实际专利价值的下限。研究发现，市场对于与产品相关联的专利将赋予更高的价值。此外，被《华尔街日报》报道的专利在发布时相对具有更高的价值。由此可见，股票市场实际上对专利的授予会有积极的响应。许博炫（Hsu, 2009）以加总的专利数据和研发数据作为技术创新的度量，发现专利冲击和 R&D 冲击对美国市场收益率和溢价具有正向的预测能力。他认为，技术创新通过改善生产效率和降低投资成本来影响经济增长。专利和 R&D 活动作为技术创新的代理变量，其增长通常与经济活动的扩张和生产率的提高相关联，而且相比于有形资产投资，技术创新作为期权，其收益更具有波动性，因而需要额外的溢价来补偿投资者所承担的风险。

除了事件研究法以外，部分学者也采用投资组合法来考察专利对股价收益率的影响。赫舒拉发等（Hirshleifer et al.，2013）构建了创新效率（即单位研发投资带来的专利申请数）指标，并通过构建基于创新效率的投资组合来检验创新效率与股票回报之间的关系。结果表明，创新效率能够有效地正向预测未来股票回报。他们认为有两种理论可以解释上述结果。一是 q 理论。q 理论强调公司的价值取决于其未来盈利能力和资本成本。而创新效率较高的公司往往具有更高的盈利能力和更低的资本成本，因此，投资者预期会有更高的股票回报。作者的实证分析也与 q 理论的预测一致，即创新效率与公司的未来经营绩效和股票回报正相关。尽管如此，作者发现创新效率高的企业风险更低，因此，q 理论无法完全解释风险溢价。二是有限注意力理论。作者提出，由于投资者注意力有限，对于创新效率这类不太显著的信息，市场价格可能不会立即完全反映这些信息。因此，创新效率高的公司可能会在一段时间内被市场低估，导致其股票未来回报的正向预测性。实证结果表明，创新效率与股票回报之间的关系与误定价的因子载荷有关，这也支持了有限注意力理论的观点。菲茨杰拉德等（Fitzgerald et al.，2020）区分了两种创新搜索策略：探索性（exploration）和利用性（exploitation）。探索性策略涉及寻找新的技术和方法，而利用性策略则是对现有技术和方法的改进与精炼。由于认知偏差，投资者可能更关注新颖的探索性专利，而忽视了渐进性的利用性专利。这种有限的注意力可能导致市场低估了利用性创新策略的价值。

随着微观数据的日趋丰富，部分学者开始着眼于更微观的数据，从中估计专利的价值。艾伦比等（Allenby et al.，2014）认为，为了评估专利价值，需要考虑产品特性的需求以及这些特性对市场竞争格局的影响。这涉及对产品需求的估计，以及对市场均衡的计算。论文提出了一种基于增量利润的估值方法，该方法考虑了行业需求系统、特征增强的边际成本以及行业竞争的性质和范围。借助上述新方法，作者还讨论了如何使用增量利润方法来计算专利侵权案件中的损害赔偿。希勒（Hiller et al.，2018）则使用加总的市场数据和 BLP 模型来估算专利价值的方法，并将这种方法应用于 2010～2015

年美国的智能手机市场，进而有助于确定知识产权法庭案例中损害赔偿和合理许可费的计算。通过模拟专利侵权行为，该模型能够预测侵权行为对市场均衡价格和市场份额的影响。阿罗拉等（Arora et al.，2021）则基于 1980 ~ 2015 年企业发表的 80 万篇文献以及引用这些文献的专利，研究了企业在基础科学研究上的投资如何影响公司的技术发明以及对竞争对手的溢出效应。他们认为，企业研究的私有收益取决于供需两侧：即科学研究为公司下游技术发明中所提供的技术进步，以及科学研究导致了知识外溢给竞争对手所产生的成本。他们发现，当公司发表的文献被其他公司引用时，公司价值会下降，但是公司获得的专利被其他公司引用时，公司价值会上升。这反映了公司是否有能力掌控技术溢出带来的价值。

2.2.5　小结

从现有文献来看，主流的专利价值评估方法大致可以分为基于模型的估值方法、基于调查问卷和拍卖数据的估值方法，以及基于企业数据的估值方法。

首先，基于专利许可费现金流的估值方法为我们提供了一个传统金融学视角下的专利价值评估途径。然而，由于 DCF 模型在处理未成熟技术或专利时的局限性，实物期权理论的估值方法成为一个重要的补充，它通过考虑未来的不确定性和战略选择，为专利价值评估提供了更为灵活的框架。其次，基于调查问卷和拍卖数据的估值方法通过直接获取市场数据来评估专利价值，这些方法虽然避免了模型假设的局限性，但也存在样本选择性和数据收集成本等问题。最后，基于企业数据的专利价值估算方法将专利价值与企业市值相联系，为我们理解专利对企业价值的贡献提供了新的视角。这些方法不仅关注专利的直接经济价值，还考虑了其潜在的战略价值。

值得指出的是，除了上述学术界使用得较多的估值方法以外，根据不同的使用目的，业界也有其他估值方法，如基于专利著录项（Chandra & Dong，2018；Reitzig，2004）、基于专利组合信息（Wang & Hsieh，2015）、基于经理人访谈（Grimaldi et al.，2015）等定性的专利评估方法，以及成本法、市场法和收入法等用于会计记账的定量专利评估方法（Amram，2005）。受限于本书的研究目的，对此不再赘述。

2.3 专利价值的变动：基于实物期权理论模型的探讨

如前所述，基于实物期权理论模型将专利的潜在现金流与企业价值联系起来，从而为利用资本市场数据估算专利的经济价值提供了坚实的理论基础。本节将简要介绍贝尔克等（2004）所提出的实物期权模型（BGN 模型），说明为什么市场价值能够刻画专利经济价值的变动。从本质上讲，BGN 模型是一个部分均衡模型。具体而言，假设企业拥有一个研发项目，当最终研发成功时，企业可以获得随机的现金流。在模型中，该现金流为服从几何布朗运动（geometric Brownian motion）的随机过程。考虑到研发项目的多阶段特性，BGN 模型进一步假设存在 N 个离散的研发阶段，只有当项目达到第 N 个阶段时，研发项目才被定义为"成功"。研发阶段的总数是已知的，但是什么时候达到最后阶段并不为企业所知。在研发成功之前，企业可以选择继续或者暂停研发项目。只有当企业选择继续时，研发项目才可能进入下一阶段。由此可见，在该项目中，既有系统风险（systematic risks），也有特质风险（idiosyncratic risks）。

2.3.1 风险中性测度下的现金流

本小节先说明随机过程测度变换的相关内容。在传统的实物期权模型中，通常采用常数的无风险利率作为折现因子（discounted factors）。为了考虑折现过程的随机性，本小节引入了外生给定的"随机折现因子"或者"定价核"（pricing kernels）。

假定定价核由 m_t 表示，并令其服从几何布朗运动：

$$dm_t = -rm_t dt + \eta m_t dz_t^P \qquad (2-1)$$

其中，无风险利率 r 假定为常数，dz_t^P 是一个标准的布朗运动，此时 η 刻画的是定价核的波动率。与此同时，假定研发项目现金流 y_t 满足以下随机过程：

$$dy_t = \mu^P x_t dt + \sigma x_t dw_t^P \qquad (2-2)$$

其中，μ^P 是在物理测度下，项目现金流的瞬时期望收益率，而 dw_t^P 是另外给定的一个标准的布朗运动，且有 $dz_t^P dw_t^P = \rho dt$。常数 ρ 表示两者局部相关性。在市场完备的前提下，存在风险中性测度 $\mathbb{Q}$，且存在无风险资产 b_t 满足 $db_t = rb_t dt$。构造 Radon-Nikodym 导数 $\xi_t = m_t b_t$，从而有：

$$\frac{d\xi_t}{\xi_t} = \eta dz_t^P \qquad (2-3)$$

定义随机向量 $dW^P = [dz_t^P, \ dw_t^P]^T$，则：

$$\frac{d\xi_t}{\xi_t} = [\eta, 0] dW^P \qquad (2-4)$$

利用 Cholesky 分解得：

$$dW^P = \begin{bmatrix} \sqrt{1-\rho^2} & \rho \\ 0 & 1 \end{bmatrix} \begin{bmatrix} d\tilde{z}_t^P \\ dw_t^P \end{bmatrix} \qquad (2-5)$$

其中，$d\tilde{z}_t^P$ 是一个与 dw_t^P 无关的布朗运动，即 $d\tilde{z}_t^P dw_t^P = 0$，且 $dz_t^P = \sqrt{1-\rho^2} d\tilde{z}_t^P + \rho dw_t^P$。代入式（2-4）得：

$$\frac{d\xi_t}{\xi_t} = \begin{bmatrix} \eta \sqrt{1-\rho^2} \\ \eta\rho \end{bmatrix} d\tilde{W}^P \qquad (2-6)$$

令：

$$\Theta = \begin{bmatrix} \eta \sqrt{1-\rho^2} \\ \eta\rho \end{bmatrix} \qquad (2-7)$$

基于以上变形，我们可以应用多维吉尔萨诺夫（Girsanov）定理求得在 $\mathbb{Q}$ 测度下的布朗运动：$d\tilde{W}^Q = d\tilde{W}^P - \Theta dt$

因此，原 SDE 变为：

$$\begin{bmatrix} dm_t \\ dy_t \end{bmatrix} = \begin{bmatrix} -rm_t - \eta^2 m_t \\ \mu^P y_t - \rho\sigma\eta y_t \end{bmatrix} dt + \begin{bmatrix} \eta m_t \sqrt{1-\rho^2} & \eta\rho m_t \\ 0 & \sigma y_t \end{bmatrix} dW^Q \qquad (2-8)$$

在风险中性测度下，可以定义风险的市场价格（market price of risk）$\lambda =$

ρση，同时定义风险中性下 R&D 项目现金流的瞬时期望收益率为 $\mu := \mu^{P} - \lambda$，那么 R&D 项目现金流 $dy_{t} = \mu y_{t} dt + \sigma y_{t} dw_{t}^{P}$ 依然是一个几何布朗随机运动。但是此时 R&D 项目现金流的瞬时期望收益率和实际概率测度下的收益率之间的差距即风险市场价格。BGN 模型假定企业能够观测研发项目的现金流变动，即如果研发项目在当前时刻成功研发，则可以获取的收益是多少。

2.3.2　特质性风险

在 BGN 模型中，企业面临两个特质性风险。

其一，技术过期风险。技术过期风险是指企业的 R&D 项目在研发成功前可能随时被中止，从而企业无法从现金流中获取任何收益。该风险用于刻画所有独立于经济环境的特质性风险，因此，假定与现金流以及定价核（系统风险）无关，并且认为出现技术过期风险的可能性取决于一个给定的外生常数 φ（即下一瞬间出现技术风险的概率为 φdt）。过大的技术过期风险虽然并不会影响风险溢价，但是会增加现金流归零的可能性，从而降低继续该研发项目的期权价值。

其二，阶段性成功风险。阶段性成功风险是指研发项目由一个阶段进入到下一个阶段的风险。根据 BGN 模型的假设，只有企业选择继续研发时，才会进入下一阶段。当企业选择继续研发时，需要支付一笔费用。BGN 模型将其解释为研发投资。但下一时刻是否能成功进入下一阶段还依赖于概率 π_{n}。值得说明的是，BGN 模型中考虑了企业知道和不知道这个概率的两种情形，后者只能依赖于数值解。由于本节的目标是展示实物期权在专利估值中的作用，因而将其视作为已知常数。

2.3.3　企业求解目标函数以及 HJB 方程

给定 N 阶段的研发项目，企业最大化期望现金流：

$$V(y_{t};n) = \max_{v(n) \in [0,1]} \left\{ \mathbb{E}_{t}^{\mathbb{Q}} \left[\int_{t}^{\infty} e^{-(r+\phi)(s-t)} (1_{n=N} y_{s} - v(n) x_{n}) ds \right] \right\} \quad (2-9)$$

其中，$V(y_{t};n)$ 表示企业在第 n 阶段，研发项目现金流为 y_{t} 时企业的价值。

$v(n)$ 是决策变量，表示企业是否继续研发项目。$1_{n=N}$ 表示这个研发项目是否完成，x_n 为每个阶段投入的研发成本。$\mathbb{E}_t^Q[\cdot]$ 表示企业在风险中性概率测度下的价值。值得指出的是，实际上企业最大化的目标函数应当建立在 $\mathbb{P}$ 测度下的，即：

$$V(y_t; n) = \max_{v(n) \in \{0,1\}} \left\{ \mathbb{E}_t^{\mathbb{P}} \left[\frac{m_T}{m_t} V(y_T; n) \zeta_t - \int_t^T \frac{m_s}{m_t} v(n) x_n ds \right] \right\} \quad (2-10)$$

根据前面的推导，在风险中性测度下，Radon-Nikodym 导数满足 $\mathbb{E}^Q[\xi_t]=1$。由于对于任意资产 V，在风险中性概率测度下也是一个鞅过程，即：

$$V_0 = \mathbb{E}^Q \left[\frac{V_t}{b_t} \right] = \mathbb{E}^{\mathbb{P}} \left[\frac{\xi_t V_t}{b_t} \right] \quad (2-11)$$

代入 $\xi_t = m_t b_t$ 可知，$\mathbb{E}^{\mathbb{P}}[m_t V_t] = V_0$，即两种测度下估计的企业价值应当是一致的。类似地，由于技术过期风险和定价核无关，设 ζ_t 表示技术过期风险是否出现，即：

$$d\zeta_t = \begin{cases} 1, & \phi dt \\ 0, & 1 - \phi dt \end{cases} \quad (2-12)$$

可得：

$$\mathbb{E}^Q[\zeta_t] = e^{-\phi t} \quad (2-13)$$

由式（2-13）可见，技术过期概率 ϕ 实际上在模型中扮演了一种折旧率的角色。因此，可以定义有效利率 $\hat{r} = r + \phi$。

考虑第 N 个阶段，此时研发已经成功，企业未来的期望现金流为：

$$V(y_t; N) = \mathbb{E}_t^Q \left[\int_t^\infty e^{-\hat{r}(s-t)} y_s ds \right] = \frac{y_t}{\hat{r} - \mu} \quad (2-14)$$

由式（2-14）可知，企业在研发成功后，相应项目转化成商业化的现金流。由于这个现金流是永续的（perpetual），从而其在任意一个时点的期望价值等于当前现金流 y_t 除以调整后的利率 $(\hat{r} - \mu)$。

考虑研发成功之前的情形，即在 $n < N$ 的情形下，企业考虑是否进行第 n 阶段的研发投资。由贝尔曼（Bellman）原理我们知道：

$$\hat{r}Vdt = \max_{v \in [0,1]} \{- vx_ndt + \mathbb{E}_t^{\mathbb{Q}}[dV]\} \qquad (2-15)$$

其中，x_n 是第 n 阶段的研发投入。式（2-15）实际上说明了在风险中性的世界里，给定某个很短的时间间隔内（dt），投资者将价值 V 投资于无风险资产中得到的收益 $\hat{r}V$ 应当等于购买该企业的股票所得到的收益。后者则等于企业在当前时刻可能的研发投资支出 $- vx_n$，以及未来企业价值可能的增长 $\mathbb{E}_t^{\mathbb{Q}}[dV]$。

我们可以进一步展开式（2-15），得到与时间项（t）无关的偏微分方程式：

$$\hat{r}V_n = \frac{1}{2}\sigma^2 y^2 \frac{\partial^2 V_n}{\partial y^2} + \mu y \frac{\partial V_n}{\partial y} + \max_{v \in [0,1]} v\{\pi_n[V_{n+1} - V_n] - x_n\} \qquad (2-16)$$

其中，π_n 是第 n 阶段结束后成功进入下一阶段的概率。根据前面的简化假设，我们令 π_n 为一个已知常数。式（2-16）等号右侧前两项是根据伊藤（Itô）引理对 dV 展开得到的。而第三项中则说明，当企业继续投资时（v=1），企业需要支付研发投资的费用 x_n，同时，在继续投资时研发项目存在 π 的概率进入下一阶段，导致研发项目的价值从 V_n 直接跳跃至 V_{n+1}。

与 BGN 原模型略有不同，本章假定企业在研发阶段出现跳跃的过程中可以通过申请专利来保护自身的研发项目。在上述假定下，我们定义第 n 阶段所申请的专利价值 p_n 等于研发两个阶段中价值的变动，即（$V_{n+1} - V_n$）。

2.3.4 模型求解

为了简化讨论，本章参考现有文献的做法（Gu，2016；Li，2011），将每个阶段的研发投资水平 x_n 视作与研发项目现金流 y_t 无关的常数。根据 BGN 模型原文（Berk et al.，2004）的"推论 1"，这种简化方式意味着该项目永远不会被遗弃。这是因为，无论当前 y_t 多低，总是会存在一个极小的概率反弹，使得最终研发投资的成本低于研发项目的收益。从现实来看，这种简化是合理的：部分技术虽然很早被发现了，但是直到某些技术突破才大规模商用。例如，目前新能源汽车所采用的锂电池，大致可以分为锂金属电池和锂离子电池，它们最早分别可以追溯至 20 世纪 10 年代和 70 年代。但是直到 20 世纪 90 年代初才由日本索尼公司首次商业化生产锂电池，并随着新能源汽车的发展浪潮而大规模用于商业领域。

根据式（2 - 16），我们分两种情形考虑。情形 1 是暂缓进行第 n 阶段（即 v = 0），解函数 $V_n^m(y)$ 同时满足方程：

$$\hat{r}V = \frac{1}{2}\sigma^2 y^2 \frac{\partial^2 V}{\partial y^2} + \mu y \frac{\partial V}{\partial y} \qquad (2-17)$$

以及边界条件：

$$\lim_{y\to 0} V_n^m(y) = 0 \qquad (2-18)$$

不难发现，该方程是一个常微分方程。令：

$$\beta_{1,2} = \frac{(\sigma^2 - 2\mu) \pm \sqrt{8\sigma^2\hat{r} + (2\mu - \sigma^2)^2}}{2\sigma^2} \qquad (2-19)$$

显然我们有 $\beta_1 > 1$，$\beta_2 < 0$。利用边界条件 $\lim\limits_{y\to 0} V = 0$ 可以知道：

$$V_n^m(y) = D_n y^{\beta_1} \qquad (2-20)$$

其中，D_n 是待定系数。

情形 2 是继续进行第 n 阶段（即 v = 1），此时解函数 $V_n^c(y)$ 同时满足方程：

$$\hat{r}V = \frac{1}{2}\sigma^2 y^2 \frac{\partial^2 V}{\partial y^2} + \mu y \frac{\partial V}{\partial y} + \pi_n[V_{n+1} - V_n] - x_n \qquad (2-21)$$

以及边界条件：

$$\lim_{y\to\infty} \frac{V(y)}{y} < \infty \qquad (2-22)$$

BGN 模型证明了存在一个值 $y_n^* \in [0, \infty)$，将整个实数轴区分为暂缓区域和继续区域。换言之，当 $y_t < y_n^*$ 时，暂缓该项目；当 $y_t \geqslant y_n^*$ 时，继续该项目。在上述两个区域的边界 y_n^* 处，人们假定 $V_n^c(y)$ 和 $V_n^m(y)$ 同时满足数值匹配（value matching）、平滑粘贴（smooth pasting）条件：

$$V_n^c(y) = V_n^m(y) \qquad (2-23)$$

$$\frac{\partial V_n^c}{\partial y}(y) = \frac{\partial V_n^m}{\partial y}(y) \qquad (2-24)$$

上述边界条件说明，当研发项目的现金流足够大时，企业的价值将和 y 大致成正比。而其他条件则保证了最终得到的解函数是连续、可导且企业价值在 y_n^* 处保持连续。

对于继续区域，我们可以通过"猜解"（猜测解函数的形式）得到表达式（Li，2011）：

$$V_n^c(y) := \sum_{i=n}^{N-1} C_n^i y^{\gamma_i} + B_n y + A_n \qquad (2-25)$$

其中，C_n^i、B_n、A_n 和 γ_i 均为待定常数。对于上面的猜解，代入式（2-21）可得：

$$\hat{r}\left(\sum_{i=n}^{N-1} C_n^i y^{\gamma_i} + B_n y + A_n\right) = \frac{1}{2}\sigma^2 \sum_{i=n}^{N-1} C_n^i \gamma_i(\gamma_i - 1)y^{\gamma_i} + \mu\left(\sum_{i=n}^{N-1} C_n^i \gamma_i y^{\gamma_i} + B_n y\right)$$
$$+ \pi_n\left[\sum_{i=n+1}^{N-1} C_{n+1}^i y^{\gamma_i} + B_{n+1}y + A_{n+1} - \sum_{i=n}^{N-1} C_n^i y^{\gamma_i} - B_n y - A_n\right]$$
$$- x_n \qquad (2-26)$$

利用待定系数法可知，由于上式对任意 $y \geq y^*$ 均成立，因此，y^{γ_i}、y 以及常数项系数左右相等，从而有以下方程组：

$$\hat{r}B_n = \mu B_n + \pi_n B_{n+1} - \pi_n B_n \qquad (2-27)$$
$$\hat{r}A_n = \pi_n A_{n+1} - \pi_n A_n - x_n \qquad (2-28)$$

根据以上递推方程，可以求得：

$$A_n = \frac{\pi_n A_{n+1} - x_n}{\pi_n + \hat{r}}, B_n = \frac{\pi_n B_{n+1}}{\hat{r} + \pi_n - \mu} \qquad (2-29)$$

进一步地，考虑关于 y^{γ_i} 系数的递推公式。

• 当 i = n 时：

$$\frac{1}{2}\sigma^2 \gamma_i(\gamma_i - 1) + \mu\gamma_i - (\hat{r} + \pi_i) = 0 \qquad (2-30)$$

由于边界条件为 $\lim_{y\to\infty} V(y)/y < \infty$，因此，式（2-30）的解 γ_i 只能取负值。

• 当 n < i < N-1 时：

$$C_n^i = \frac{\pi_n C_{n+1}^i}{\pi_n - \pi_i}, \forall n < i < N \qquad (2-31)$$

• 当 $i = N$ 时，此时研发项目已经完成，因此，由式（2-14）可知，$C_n^N = 0$，同时可以看到，$B_N = 1/(r-\mu)$，$A_N = 0$。因此，一旦得到 C_n^n 的值，其他 C_n^i 可以通过式（2-31）确定。

综上所述，目前待定系数仅有 D_n、C_n^n 以及阈值 y_n^*。利用式（2-20）、式（2-23）和式（2-24）可得：

$$\begin{cases} \pi_n[V_{n+1}^c(y_n^*) - V_n^c(y_n^*)] = x_n \\ V_n^c(y_n^*) = V_n^m(y_n^*) \\ \dfrac{\partial}{\partial y} V_n^c(y_n^*) = \dfrac{\partial}{\partial y} V_n^m(y_n^*) \end{cases} \qquad (2-32)$$

接下来，将 $V_n^c(y)$ 的表达式代入，可以知道：

$$\begin{cases} \pi_n\left[\sum_{i=n+1}^{N-1} C_{n+1}^i(y_n^*)^{\gamma_i} + B_{n+1}y_n^* + A_{n+1} - \sum_{i=n}^{N-1} C_n^i(y_n^*)^{\gamma_i} - B_n y_n^* - A_n\right] = x_n \\ \sum_{i=n}^{N-1} C_n^i(y_n^*)^{\gamma_i} + B_n y_n^* + A_n = D_n(y_n^*)^{\beta} \\ \sum_{i=n}^{N-1} C_n^i \gamma_i (y_n^*)^{\gamma_i} + B_n y_n^* = \beta D_n(y_n^*)^{\beta} \end{cases}$$

$$(2-33)$$

其中，最后一条方程左右两边均乘以了 y_n^*，以便后续求解。已知 $C_n^i = \pi_n C_{n+1}^i/(\pi_n - \pi_i)$，化简后得：

$$\sum_{i=n+1}^{N-1}[\pi_n(\beta - \gamma_i) - \pi_i(\beta - \gamma_n)]C_n^i(y_n^*)^{\gamma_i}$$

$$+ [(\beta - 1)\pi_n + (\hat{r} - \mu)(\beta - \gamma_n)]B_n y_n^* + [\beta\pi_n + \hat{r}(\beta - \gamma_n)]A_n = 0$$

$$(2-34)$$

从式（2-34）的非线性方程中可以求出 y_n^*。

将 y_n^* 代入式（2-33）可解出 C_n^n：

$$C_n^n = \frac{1}{\pi_n(y_n^*)^{\gamma_n}}\left[(\hat{r} - \mu)B_n y_n^* + rA_n - \sum_{i=n+1}^{N-1} C_n^i \pi_i (y_n^*)^{\gamma_i}\right] \quad (2-35)$$

最后求解 D_n。由式（2 - 33）的第三个方程代入 C_n^n 可知：

$$D_n = \frac{1}{\beta \pi_n (y_n^*)^\beta} [\pi_n + \gamma_n (\hat{r} - \mu)] B_n y_n^* + \hat{r} \gamma_n A_n$$
$$+ \sum_{i=n+1}^{N-1} C_n^i (\gamma_i \pi_n - \gamma_n \pi_i) (y_n^*)^{\gamma_i} \qquad (2 - 36)$$

2.4　数值算例

2.4.1　参数设定与基本结果分析

为了更好地呈现上述模型中解函数的变化，本书参考 BGN 模型的设定，考虑以下数值计算结果作为基准。其中，假设研发项目有 20 个阶段，研发项目现金流的漂移率 μ 为 3%，波动率 σ 为 40%，用以刻画研发项目较大的不确定性。此外，每阶段之间切换的瞬时概率 π_n 是从 1~2 等步长变化的等差数列。值得指出的是，当 $\pi_n = 1$ 时，表明在一年内研发取得阶段性成果的概率 = $1 - e^{-1} = 63.21\%$。递增等差数列的设定表明越后期的研发阶段，企业取得成功的概率在上升。技术过期风险 ϕ 为 0.1054，表明在一年内整个项目变得一文不值的概率为 10%。因此，可以计算得到修正后的无风险收益率 $\hat{r} = r + \phi = 0.1754$。最后，假定每个阶段的研发投资都为常数 0.50。参数取值见表 2 - 1。

表 2 - 1　　　　　　　　　　　　参数取值

变量符号	取值
N	20
μ	0.03
σ	0.40
π_n	$1 + 2(n-1)/19$
ϕ	0.1054
r	0.07
$r + \phi$	0.1754
x_n	0.50

　　按照前述步骤，本小节先展示了在不同的研发阶段（N）下，企业的价值函数 $V_n(y_t)$ 与当前现金流水平的关系。我们在图 2 – 1 中标记了不同阶段（N 分别等于 5、10、15 和 20，其中第 20 阶段表示研发项目已经完成）企业价值与现金流之间的关系。此外，图 2 – 1 中还用垂直的虚线表明不同阶段的阈值水平，即给定研发阶段，当现金流水平低于该阈值时（即虚线左侧），企业将暂停研发项目；当现金流水平高于该阈值时（即虚线右侧），企业将继续研发项目。因此，图 2 – 1 为我们提供了企业在不同阶段的估值与当前研发项目现金流之间关系的丰富信息。

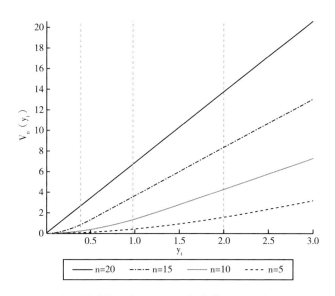

图 2 – 1　企业的价值函数 $V_n(y_t)$ 与当前现金流水平 y_t 的关系

　　首先，在同一研究阶段，企业价值随着现金流水平的增加而增加，但是不同阶段下增加的幅度有所不同。在研发项目完成后（n = 20），不难发现，企业的期望价值是关于当前现金流价值的一条直线。这和公司金融中股利增长模型的预测结果保持一致。对于研发已完成的企业而言，可以将其视作"成熟型企业"，因而资本市场对估值完全依赖于当前现金流水平的变动。而对于研发项目尚未完成的阶段，可以看到，企业价值的增长速度相对较为缓慢。这是因为企业早期的研发项目虽然有较高的现金流水平，但是并不能立即投入商用。

　　其次，在同一现金流水平，企业价值随着研发阶段的增加而增加。从

图 2-1 中不难发现，在相同的现金流水平下，接近完成的企业价值要比研发早期的企业价值更高。这一现象也符合现实中初创企业轮次式融资的情况。实际上，初创企业在寻求风险资本投资时，往往会通过"小股权×大估值"的方式来融资。从上述例子来看，对于一个早期的初创公司而言（$n=5$），当现金流水平 $y_t=2$ 时，可以看到 $V_5(2)=1.5741$，而对于一个成熟的公司而言，$V_{20}(2)=13.7552$，后者是前者的 8.73 倍。因此，初创企业完全可以采用后者作为公司未来的估值，从而换取相应的风险资本投资。

再次，暂缓区域和继续区域之间的阈值（y_n^*）随着研发阶段的增加而逐步下降。这在图 2-1 中表现为不同阶段对应的垂直虚线向左移动。以本书的算例来看，不同阶段的阈值分别为 $y_5^*=2.00$，$y_{10}^*=0.98$，$y_{15}^*=0.39$。该现象也和研发项目接近完成的事实有关。当研发项目接近完成时，企业将更倾向于继续其研发投资，以确保其研发项目能够完成，从而实现其现金流。这时候，企业所能容忍的最低现金流水平也将随之下降。

最后，在阈值左右，企业价值的变化趋势也有较为明显的差异。以 $n=15$ 为例，当现金流 $y_t \leqslant 0.3924$ 时，企业价值随着现金流的增加而快速增长，这是因为，此时企业价值 V_n^m 是关于现金流且幂大于 1 的幂函数。而当 $y_t \geqslant 0.3924$ 时，则企业价值的增长趋势逐渐趋于一条直线。注意到在继续阶段 $V_n^c(y)$ 包含了暂停期权，因此，随着现金流水平的增加，企业暂停研发投资的期权逐渐失去其价值，导致企业价值函数由线性项 $B_n y + A_n$ 所主导。根据 B_n 的递推公式，不难发现 $B_n < B_{n+1}$，导致企业价值在研发项目早期阶段（即 n 较小）的继续区域（即阈值右侧），其价值函数较为平缓。

本小节在 BGN 模型的基础上定义了专利价值函数，从而便于我们讨论其与专利价值的关系。从上述模型的求解过程来看，如果我们将企业价值的跳跃视作专利价值的变动，那么不难发现，实际上专利价值 p_n 存在着下限：

$$p_n := V_{n+1} - V_n \geqslant \frac{x_n}{\pi_n} \qquad (2-37)$$

之所以是下限，是因为等号在 $y = y_n^*$ 处取到。当 $y > y_n^*$ 时，则专利价值 p_n 应当高于上述下限。企业的专利价值边际收益应当不低于申请专利的边际成本，边际成本应当与企业的研发投资 x_n 呈正相关，而与企业阶段性研发成功的瞬时概率 π_n 呈负相关。值得注意的是，由于出现阶段性成功的期望时间是$1/\pi_n$，因此，当概率越大时，获得成功的期望时间越短。由此可见，当企业研发成本越低时，或者成功概率越高时，研发项目取得阶段性成功的期望收益会相对更大。

　　我们在图2-2中进一步给出了上述专利价值函数专利的价值函数$p_n(y_t)$与当前现金流水平y_t的关系。图2-2中的实线表示专利价值函数图像，垂直虚线表示继续区域和暂缓区域之间的阈值，水平虚线表示专利价值的下限。从图2-2中我们也能发现以下几个有趣的结论。

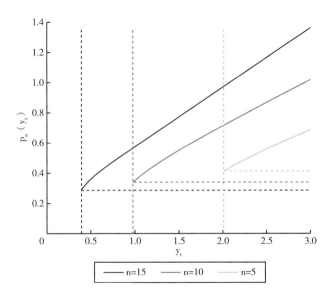

图2-2　专利的价值函数$p_n(y_t)$与当前现金流水平y_t的关系

　　首先，专利价值函数曲线都经过垂直虚线和水平虚线的交点。注意到研发项目只有在继续阶段才会出现阶段的切换，因此，根据式（2-10），在阈值处$\pi_n[V_{n+1}^c(y_n^*) - V_n^c(y_n^*)] = x_n$，即刚好到达其下限。

　　其次，在同一研究阶段，专利价值是关于当前研发项目现金流单调递增的凹函数。从图2-2中不难发现，随着现金流水平的增加，专利价值在逐渐增加（一阶导数大于零），但是增加的速度在逐渐下降（二阶导数小于零），根据前述表达式以及C_n^i的递推公式，我们可以得到：

$$\frac{\partial^2 p_n}{\partial y^2} = -\gamma_n(\gamma_n - 1)C_n^n y^{\gamma_n} - \sum_{i=n+1}^{N-1} \gamma_i(\gamma_i - 1)C_n^i y^{\gamma_i} < 0 \quad (2-38)$$

而且当 $y \to \infty$ 时，二阶导数趋向于 0。这表明，专利关于研发项目现金流的边际价值最终也会趋于常数 [不难证明最终等于 $(\hat{r} - \mu) B_n$]。

再次，专利价值的下限随着研发阶段的增加而下降。这是因为，根据数值算例的设定，后期研发项目的成功概率 π_n 在逐渐提升，在给定研发投入的前提下，专利价值的下限会增加。随着研发阶段的推进，企业研发成功的概率也在上升。因此，专利所对应的边际成本也相应地下降。

最后，在同一现金流水平，专利价值随着研发阶段的增加而增加。这个结论和前面关于企业价值的结论是类似的。随着企业研发阶段接近于完成，企业所获得的专利也越有机会真正转化为现金流。因此，其所带来的价值要更高。

2.4.2　比较静态分析

本小节进一步考虑模型的参数发生变化时，专利价值如何变化。

2.4.2.1　研发成本 x_n

在基准模型中，我们令 $x_n \equiv 0.5$。在本小节我们来考虑研发成本 x_n 变化将如何影响专利价值。具体而言，考虑 4 家企业，令其研发投入 x_n 分别取 0.1、0.4、0.7 和 1.0，并重新画出企业的专利价值与现金流之间的关系。我们先考察研发阶段早期（$n = 5$）时的情形。结果如图 2 - 3 所示，其中，不同的实线代表了不同企业所申请的专利价值，而垂直虚线则代表该企业在当前研发阶段的继续区域与暂缓区域之间的阈值。和图 2 - 2 一致的是，专利价值随着研发项目的现金流水平在逐渐增加，但是增加的速度在逐渐下降。

然而从图 2 - 3 中可以观察到两个有趣的结论。其一，给定相同的研究阶段，随着企业所需支付的研发投资逐渐增加，企业愿意激活该研发项目的阈值现金流水平在增加，专利价值的下限也在逐渐提高。从模型来看，导致该结果的主要原因是 x_n 在增加，导致专利所带来的边际成本在上升。因此，企业需要等待研发项目的现金流水平达到更高的阈值时，才愿意激活研发项目，从而导致专利的价值相对更高。相反，对于研发投入较低的企业，其维持研发项目的成本相对较低，因而导致了阈值现金流水平更低。其二，给定相同的研究阶段，随着现金流水平的增加，研发投入高的企业所申请的专利价值将逐渐超过研发投入低的企业。从模型来看，这是因为随着现金流水平的增加，企业研发项目的暂缓期权逐渐失去其价值。这对于低研发投入的企业而言，激活研发项目的成本相对更低，因而上述暂缓期权的价值衰减得更快。而对于高研发投入的企业而言，由于激活研发项目的成本相对更高，因而暂缓期权的价值衰减较慢，导致专利价值随着现金流的增加而出现较快的增长。

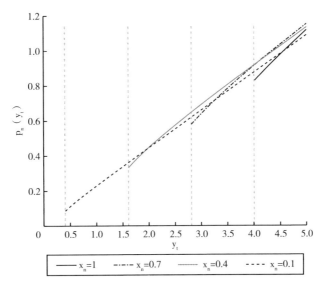

**图 2 - 3　研发早期不同研发成本 x_n 处专利的价值函数 $p_n(y_t)$
与当前现金流水平 y_t 的关系**

图 2 - 4 考察研发阶段晚期（$n = 15$）时的情形。从图 2 - 4 中可以发现，虽然不同企业专利的价值函数仍然是关于现金流水平的单调递增凹函数，但此时由于研发项目接近于后期，导致企业暂缓期权在整个专利的价值中所占比重较低。因此，随着研发项目现金流水平的增加，各类企业所持有的暂缓期权价值下降，导致专利价值最终变得更为平缓。值得指出的是，在 $p_n(y)$ 的表达式当中，y 的一次项系数 B_n 实际上与 x_n 无关，从而在 y 足够大时，各类企业的专利价值最终逐渐收敛于相互平行的直线。比较研发前期和晚期的专利价值表现可以看到，在不确定性被充分消除后，同样质量的研发项目下，企业的专利价值与研发投入之间具有较为明显的单调正向关系。但是在不确定性尚未被充分消除前，专利价值可能与研发投入之间呈现非单调的关系。这也能部分解释为何文献中研发投入与专利申请数量之间存在着较为混乱的实证结果。

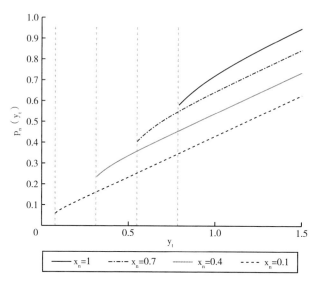

**图 2 - 4　研发晚期不同研发成本 x_n 处专利的价值函数 $p_n(y_t)$
与当前现金流水平 y_t 的关系**

2.4.2.2　研发阶段转移概率 π_n

在基准模型中，我们假定每阶段之间切换的瞬时概率 π_n 是从 1~2 等步长变化的等差数列。在这里，我们考虑初始的切换概率 π_1 分别等于 1、1.3、1.6 和 1.9，步长仍然设定为每阶段增长 0.1，从而考察阶段切换概率对于专利价值的影响。我们先考虑研发早期阶段的情形（n = 5），结果如图 2 - 5 所示，其中不同的实线代表了不同企业所申请的专利价值，而垂直虚线则代表该企业在当前研发阶段的继续区域与暂缓区域之间的阈值。

不难发现，在研发阶段早期，给定相同的研究阶段，随着企业阶段切换概率的提高，企业愿意激活该研发项目的阈值现金流水平在降低，专利价值的下限也在逐渐降低。上述图像与图 2 - 3 的结果较为类似，给定相同的研究阶段，随着现金流水平的增加，阶段切换概率低的企业所申请的专利价值将逐渐超过阶段切换概率高的企业。这实际上符合我们的预期。由于获得专利的边际成本与 x_n/π_n 有关，所以增加 π_n 实际上相当于减少 x_n。因此，阶段切换概率所产生的影响实际上与研发投资刚好相反。从理论的角度来看，对于阶段切换概率低的企业而言，由于每个研发阶段的预期维持时间较长，因而实际支付的研发投资总额也相对更多,导致企业维持研发项目的成本较高。此时,专利中隐含的暂缓期权能够提供的价值较高。因此,在研发早期,阶段切换概率低的企业更能从现金流水平的增加中受益。

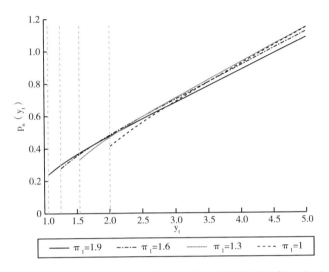

**图 2 - 5   研发早期不同切换概率 π_1 处专利的价值函数 $p_n(y_t)$
与当前现金流水平 y_t 的关系**

图 2 - 6 报告了研发晚期阶段的情形(n = 15)。与图 2 - 4 类似,由于阶段切换概率与研发投资所造成的影响刚好相反,因此,最终阶段切换概率较低企业要求更高价值的专利,才能弥补其在各阶段所付出的总成本。

2.4.2.3   研发项目现金流的波动率 σ

根据经典的实物期权理论,当基础资产(即研发项目现金流 y_t)的不确定性增加时,实物期权的价值也随之上升,从而带动企业整体价值的提升。这是因为,由于不确定性的存在,企业通过等待不确定性消退,能够更好地判断投资潜力。拥有这种等待的权利在不确定性越高时价值越大(Azevedo & Paxson,2014)。然而对于专利价值而言,上述论断实际上并不成立。当研发项目现金流的不确定性较高时,专利所隐含的不确定性将降低专利商业化的价值,从而使得等待的价值变得更低。

图 2 - 7 展示了上述结果。其中,不同的实线代表了不同企业所申请的专利价值,而垂直虚线代表该企业在当前研发阶段的继续区域与暂缓区域之

间的阈值。不难发现，在给定相同的现金流水平下，波动率程度越高，专利的价值越低。这个结论对于现有的实物期权理论而言是一个重要的补充。

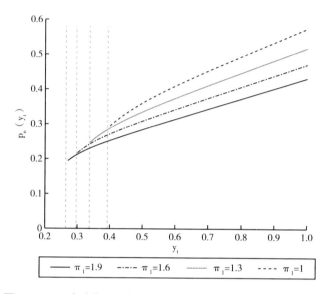

图 2-6 研发晚期不同切换概率 π_l 处专利的价值函数 $p_n(y_t)$ 与当前现金流水平 y_t 的关系

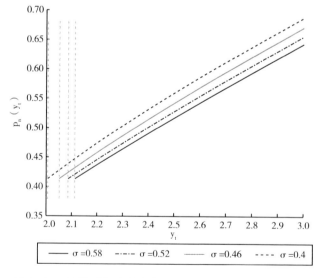

图 2-7 不同现金流波动率 σ 处专利的价值函数 $p_n(y_t)$ 与当前现金流水平 y_t 的关系

2.5　本章小结

　　本章主要深入探讨了上市公司专利经济价值的估算理论，系统回顾了中国专利体系的发展历程，并基于实物期权理论模型对专利价值的变动进行了详细分析。通过综合考虑专利的技术特性、市场潜力、法律保护以及企业战略等多种因素，本章揭示了专利价值评估的复杂性和多维性，并利用基于实物期权的 BGN 模型对于专利价值的评估构造了数值算例，并得到了一些有价值的结论。

　　本章结合后续的研究目的，认为目前基于企业数据的专利价值评估可以与我国资本市场结合起来，利用公司的市值变动以估算专利价值。该方法相比其他方法而言，具有理论基础坚实、数据可得性强、估计结果可比等优点。

第 3 章

上市公司专利经济价值的指标构建

3.1 现有专利质量指标评述

本书第 2 章对于现有的专利价值评估方法进行了回顾，重点讨论了这些专利评估方法的基本理论原理。概括而言，专利的经济价值实际上来源于两类：一类是基于理论模型（如 DCF 模型、实物期权模型、企业研发模型等）计算得到的"隐含价值（imputed value）"，另一类是基于调查问卷和拍卖信息等一手资料得到的"调查价值（surveyed value）"。除此以外，部分文献在刻画企业创新质量时还曾使用了以下几类指标。本章将立足于国内外权威期刊的研究成果，简要梳理现有文献中关于专利质量的代理指标。

3.1.1 专利类型

部分文献根据专利的类型区分专利的质量。我国目前的专利类型包括发明专利、实用新型专利和外观设计专利。实用新型专利和外观设计专利不进行早期公布和实质审查，因而审查流程较为简单。相反，国家知识产权局收到发明专利申请后，将经过"受理阶段—初步审查阶段—公布阶段—实质审查阶段—授权阶段"五个阶段。第一，受理阶段。国家知识产权局对申请书进行审查，符合受理条件的，确定申请日并给予申请号。第二，初步审查阶段。专利申请受理后，缴纳申请费的专利申请自动进入初审阶段。初审包括保密审查、明显缺陷审查等，不合格的申请将通知申请人补正或陈述意见，逾期不答复或经答复仍未消除缺陷的，申请将被视为撤回或予以驳回。第三，公布阶段。发明专利申请从发出初审合格通知书起进入公布阶段。如果申请人没有提出提前公开的请求，要等到自申请日起满 18 个月才公布。公布后，申请人获得临时保护的权利。第四，实质审查阶段。申请人提出实质审查请求并已生效后，进入实质审查程序。实质审查期间将对专利申请进行全面审查，不符合授权条件的或存在缺陷的，将通知申请人陈述意见或进行修改，逾期不答复或经多次答复仍不符合要求的，申请将被视为撤回或予以驳回。第五，授权阶段。经实质审查未发现驳回理由的，由审查员做出授权通知，申请进入授权登记准备。申请人接到通知书后应在规定时间内办理登记手续并缴纳费用，按期办理的，专利局将授予专利权并颁发专利证书。

通过前述专利审查流程的梳理，不难发现，发明专利要经历实质性审查，因此，发明专利具有相对更高的价值。由于该指标的构造较为明确，且数据较为可得，得到了国内不少学者的使用（杨国超和芮萌，2020）。例如，在企业层面，安等（Ang et al.，2014）、袁蓉丽和文雯（Yuan & Wen，2018）利用发明专利作为高质量创新，分别考察了知识产权执法力度的强化以及管理层国际化背景如何影响我国企业的创新质量。胡光宙等（Hu et al.，2017）则指出，2007~2011 年我国企业每增加 1% 的研发支出，能够增加约 0.14% 的发明专利，以及约 0.09% 的实用新型专利，这个数值要远低于经济合作与发展组织（OECD）国家。龙小宁和林菡馨（2018）考察了专利执行保险对于各类专利的影响，并将发明专利视作高质量专利。他们发现专利保险试点地区的发明申请量有显著提升。在宏观层面，张杰等（2016）发现，发明专利对各省份人均真实 GDP 增长率具有显著 "U" 型作用效应，而实用新型和外观设计专利则没有明显影响。毛昊等（2018）进一步指出，由于我国的专利补贴制度，企业更倾向于申请实用新型专利，导致该类专利的申请数快速 "膨胀"，发明专利对实用新型专利的替换尚未实现，从而导致对中国经济和全要素生产率产生了统计学意义上的显著负向冲击。

此外，黎文靖和郑曼妮（2016）根据专利类型，将发明专利视作 "实质性创新"，而将实用新型和外观设计专利视作 "策略性创新"，并认为前者的质量更高。这种做法得到了部分研究者的认可。例如，贺建风和张晓静（2018）发现，劳动力成本的上升会对企业实质性创新的影响更大；林志帆和龙晓旋（2019）指出，融资融券机制的引入，导致企业更倾向于通过增加非发明专利的方式，释放"策略性创新"的伪利好信号以应对卖空威胁。

从前面的研究来看，在中国专利体系的背景下，发明专利被一大部分学者认定为质量更高的专利。尽管上述做法具有一定的政策合理性，但是考虑到我国各类技术创新的质量参差不齐，强行将所有发明专利均视为高质量创新的做法似有不妥。

3.1.2 专利引用数

部分文献则根据专利的引用数量考虑专利质量。根据引用方式，专利的引用包括前向引用（forward citation）和后向引用（backward citation）。前者是指其他专利或者文献引用当前专利（cited），后者则是指本专利引用其他专利（citing）。一般而言，相关研究以前向引用作为专利质量的衡量指标。换言之，如果专利被引用数量越多，则专利得到更多发明人的认可，从而间接地证明了专利质量相对较高。该指标最早由霍尔等（Hall et al.，2001）引入公司金融和财务管理领域。随后，许多文献开始以此作为基础，考虑专利的质量。

根据专利引用数的使用方式，大致可以分为以下几类。

第一，引用总数（蔡庆丰等，2020；郝项超等，2018；寇宗来和刘学悦，2020；诸竹君等，2020；Acharya & Xu，2017；Appel et al.，2019；Celikyurt et al.，2014；Chang et al.，2015；Chang et al.，2019；Cohen et al.，2013；Cremers et al.，2017；Custódio & Metzger，2014；Dass et al.，2014；Grieser & Liu，2019；Hirshleifer et al.，2012；Kwon et al.，2020；Nanda & Nicholas，2014）。该方法取专利引用总数（或者其对数化形式）作为企业或者国家创新质量的测度。例如，法雷—门萨等（Farre-Mensa et al.，2020）计算了专利申请后五年内获得的引用总数，以考虑初始专利是否授权对企业未来的影响。许博炫等（Hsu et al.，2014）则直接使用被引用总数的原始数据，以考虑国家金融发展如何影响行业的创新质量。科尔纳贾等（Cornaggia et al.，2015）明确指出，为了避免由于专利申请数过多的零值而导致取对数造成的样本缺失，通常对引用数原值加一后取对数。

值得指出的是，专利引用存在所谓的"截断误差（truncation bias）"问题。阿塔纳索夫（Atanassov，2013）和房薇等（Fang et al.，2014）均指出，较晚申请的专利由于还未得到引用，而容易被误判为低质量专利。为此，他们认为，要采用霍尔等（Hall et al.，2001）的做法，考虑固定效应（fixed effects）模型和准结构（quasi-structural）模型的纠偏方法。固定效应模型是指将某个专利引用数除以同组专利（如同一技术门类、同一年份，或者同年份且同技术门类）的平均引用数，从而尽可能地降低组间差异所带来的影响。准结构模型则是显性地估计专利引用的滞后经验分布。具体而言，研究者可以采用样本期最早几年的专利引用数据（即引用分布情况较为完整的样本），从而估算出给定专利授权后直至第 t 年的引用数占全部引用数的比重。随后，样本末期的专利引用数可以乘上相应的比重，从而对引用数予以调整。当然，该方法假定专利引用的分布和专利引用总数无关，且不随着专利授权的时间变化。

第二，平均每个专利的引用数。该方法先计算每个公司在给定年份所申请的专利在样本期内被引用的总数，然后除以当年专利的申请总量，从而得到公司当年平均每个专利的被引用次数，以此来刻画企业创新质量（Agarwal et al.，2017；Bernstein et al.，2016；Chemmanur et al.，2014；Fang et al.，2014；He & Tian，2013；Humphery-Jenner et al.，2016；Nanda & Nicholas，2014；Nanda & Rhodes-Kropf，2013；Seru，2014；Tian & Wang，2014）。在计算引用总数时，学者们通常采用授权后 3～5 年的被引数量。以勒纳等（Lerner et al.，2011）、伯恩斯坦（Bernstein，2015）、卡尔波夫和维特里（Karpoff & Wittry，2018）等的研究为例，他们会截断专利引用数的统计时期，即只考虑专利授权后三年内的被引用总数，再除以当年专利的申请总量。而汉弗莱 – 詹纳等（Humphery-Jenner et al.，2016）则考虑了授权后五年内的被引用总数。此外，在计算分子（引用总数）时，阿塔纳索夫（2013）和房薇等（2014）强调了上述截断误差，从而计算了每个专利获得的调整后引用数以衡量专利质量。

该类指标存在潜在的变形，现有文献称为创新效率（Innovation efficiency）指标。其定义为创新产出与创新投入之间的比值。例如，布兰科和韦尔海姆（Blanco & Wehrheim，2017）、贺劼和黄杰鲲（He & Huang，2017）考虑了每元研发投入所带来的专利引用数，以此反映研发投资的生产率质量。而赫舒拉发等（Hirshleifer et al.，2013）和弗雷萨尔等（Frésard et al.，2020）将创新投入定义为研发资本（R&D stock），从而将研发活动具有一定持续性的特质考虑进去。阿查里雅等（Acharya et al.，2014）在上述基础上，考虑了每名员工的专利申请数和引用数。

第三，基于引用数加权的专利申请数。该方法首先由特拉伊滕伯格（Trajtenberg，1990）提出，将每个专利被引用数作为权重，加总成加权的专利申请数。随后，部分学者也将其应用于相应的研究当中（Acharya & Subramanian，2009；Amore et al.，2013）。例如，贝纳和李凯（Bena & Li，2014）仅考虑每个专利在授权后三年内获得的引用总数作为权重，计算企业的加权平均专利申请数。值得指出的是，经质量调整后的专利申请数并非新鲜事物。例如，兰尤尔等（Lanjouw et al.，1998）基于专利续展和申请数据来克服专利申请数作为创新产出测度的不足，以此为基础评估专利权利的价值。其中，续展（renewal）是指专利持有者为了保持专利有效而支付的专利续展费。

3.1.3 专利引用衍生指标

基于专利数据和引用数据提供的丰富信息，部分文献进一步构造了基于专利引用的衍生类指标。第一，基于给定专利被引用的专利技术门类丰富情况，以考虑专利质量。霍尔等（Hall et al.，2001）认为，如果专利对于其他门类的专利影响程度越大，那么它越可能具有技术突破的潜力。如果专利引用了很多来自不同技术门类的其他专利时，则称该专利具有"原创性（originality）"，而专利被很多其他门类的专利引用时，则称该专利具有"普适性（generality）"。具体而言，普适性指数 G 定义为：

$$G = 1 - \sum_{j=1}^{N_i} s_{ij}^2 \qquad (3-1)$$

其中，s_{ij} 表示专利 i 受到引用专利属于第 j 个门类的占比，N_i 表示引用专利 i 的所有专利的总数。不难发现，G 指数实际上是一个赫芬达尔指数，该指数越高，证明被更多门类的专利引用，从而证明该专利的技术能用于更广泛的技术门类中。与之类似，原创性指数 O 则定义为：

$$O = 1 - \sum_{j=1}^{M_i} w_{ij}^2 \qquad (3-2)$$

其中，w_{ij} 表示专利 i 所引用的专利中属于第 j 个门类的专利占比。M_i 表示专利 i 所引用的专利的总数。与 G 指数类似，O 指数也是一个赫芬达尔指数，该指数越高，证明其技术来自更广泛的技术门类，因而其原创性程度也会越高。

基于此，许多学者纷纷采用该定义来研究企业专利的影响程度，并以此衡量专利的质量（Acharya & Xu，2017；Amore et al.，2013；Celik et al.，2022；Cornaggia et al.，2015；Hirshleifer et al.，2018；Hsu et al.，2014；Lerner et al.，2011；Nanda & Nicholas，2014；Sunder et al.，2017）。这种专利质量更是体现在专利的运用上。曼（Mann，2018）发现，专利引用数越多普适性越强，那么该专利越可能用于质押。然而，不同研究对于原创性和普适性的理解并不完全一致。例如，布兰科和韦尔海姆（2017）认为，原创性指数在一定程度上刻画了创新的方向，即当前公司对创新资源的使用方向。坎佩洛和高若然（Campello & Gao，2017）认为，原创性指数也和专利的独特性有关。企业如果申请了更多独特的专利，那么其更倾向于为客户开发更多定制化的产品。

第二，专利的自引率（self-citation ratio）。专利自引率指的是公司专利引用了自身前面的专利。弗莱耶等（Faleye et al.，2011）以及巴尔斯迈尔等（Balsmeier et al.，2017）均认为，公司自引率越高，说明其研究技术的宽度不足，仅局限在自己熟悉的领域，缺少探索性创新（explorative innovation）。正如曼索（Manso，2011）所指出的，如果企业缺少探索性创新，那么创新的质量并不高。因此，部分文献也采用该指标区分企业的探索型创新和利用型创新（Agarwal et al.，2017）。此外，对于自引率较高的专利而言，其专利质量更难被本企业以外的人们认可，从而导致该专利也难以用于质押贷款等提高企业价值的行为（Hochberg et al.，2018）。由此可见，专利自引率与企业创新质量呈负相关。贝纳和李凯（Bena & Li，2014）的研究也发现，自引率高企业在并购中更难以成为并购的发起方。因此，赫舒拉发等（2012）、房薇等（2014）以及布兰科和韦尔海姆（2017）在稳健性检验中也尝试剔除了自引专利，以减少这类专利对专利质量的影响。

第三，创新风险（the risk of innovation）。创新风险与创新质量之间存在较为密切的关系。创新是一个具有高风险的企业活动，因此，如果企业愿意承担风险，那么更有可能参与到创新活动中。基于上述思路，布兰科和韦尔海姆（2017）使用了当年公司所申请专利的引用数的标准差，用于衡量公司的风险承担情况。此外，查瓦等（Chava et al.，2013）、洪贝特和马特雷（Hombert & Matray，2017）也基于相同的指标进行研究，发现美国银行去监管（deregulation）不仅导致引用数量下降，还会导致创新风险下降。德里安（Derrien et al.，2023）发现，拥有更多年轻员工的企业，更愿意承担创新的风险。累进税率对失败的专利没有征税，但是会对高价值专利征税。这种"凸性"结构将降低高价值专利占比，从而降低创新风险。慕克吉（Mukherjee et al.，2017）利用美国公司所得税检验了上述假说，并采用引用的标准差衡量创新风险。结果表明，提高公司税率会降低创新风险，但是降税则没有类似效果。

第四，探索型创新（exploration）与利用型创新（exploitation）。探索型创新是指企业进入未知的技术领域，而利用型创新则是指企业依赖于已知的技术领域。根据现有的理论，探索型创新需要企业将各类知识整合在一起，并且愿意承担失败的风险以探索不确定的结果（Manso，2011）。相比于利用型创新，探索型创新的风险更大，既可能探索失败，也可能获得巨大成功。缺少探索型创新会导致社会的技术进步停滞不前。因此，有时候也有部分学者将其称为颠覆性创新（radical innovation）和渐进式创新（incremental innovation），用以强调探索型创新的重要性。

尽管初看起来，探索型创新与原创性指数的构造过程具有一定的相似性（如都考虑了技术的广泛运用），但是巴尔斯迈尔等（2017）认为，两者之间的关系并不明显。他们指出，O 指数没有考虑时间维度的影响，因此，一个相对更高的 O 指数既可能代表了新颖性和独特性，也可能代表了技术比较旧且普通。例如，一项专利可能因其引用了多个类别的其他专利而被认为具有原创性，然而，这种引用模式可能已经在许多其他专利中同样出现过。为此，他们利用专利引用的详情数据，构造了以下探索型创新的指标。

（1）未知领域的专利总数（new classes patents）。未知领域的专利是指该专利的技术门类与该企业过去所有的专利技术门类均不相同的专利。这用以反映企业进入未知技术领域的情况。

（2）与既往专利的技术相似度（technology proximity）。巴尔斯迈尔等（2017）先收集了每个企业截至 t−1 年度所有专利的技术门类信息，然后计算该企业在 t 年度的技术相似性。该方法实际上是将 t 年度和 t−1 之前年度企业的专利所有技术门类代码分别视作为两个向量，并计算它们的余弦相似度（Gomes-Casseres et al.，2006；Jaffe，1989）。

（3）高被引专利数（highly cited patents）。该指标比较直观，根据来自同一技术门类专利引用数的分布情况，按照前 1%、前 2% ~ 10%、不在前10% 但是至少获得一次引用以及零被引等四种情况，分别计算这类专利的数量。他们认为，位于专利引用分布的前 1% 或者前 10% 的高被引专利，以及零被引的专利，实际上反映了探索型创新的两个极端。

根据上述指标，巴尔斯迈尔等（2017）发现，独立董事实际上并没有提高企业高被引专利数和零被引专利数的变动，只有位于引用分布中间部分的专利数量增长了。因此，独立董事制度实际上没有促进企业的探索型创新。后续研究也采用引用分布的情况作为衡量专利质量的方式（吴超鹏和严泽浩，2023；Derrien et al.，2023），例如，郭冰等（Guo et al.，2019）发现，更多的分析师关注会带来管理层压力，进而降低企业的探索型创新。

除此以外，布拉夫等（Brav et al.，2018）基于企业专利引用对象区分了探索型创新和利用型创新。如果一件专利至少 80% 的后向引用指向了新知识（即所引用的专利既不是该公司所发明的，也不是该公司过去五年内所申请专利曾引用过的），则该专利被视为探索型专利。此时，探索型创新定义为探索型专利占该公司所有申请专利的比重。与之类似，如果一件专利至少80% 的后向引用指向了已有知识，那么该专利则被界定为利用型专利，利用型专利占比则视作利用型创新的衡量测度。该指标也得到了后续研究的认可（黎文靖等，2021；Fitzgerald et al.，2020；Gao et al.，2018；Ma，2020）。

第五，基于引用模式的突破式创新指数。帕克等（Park et al.，2023）通过考察专利引用模式构建了新的突破式创新指数。其构建的原理如下：如果一篇论文或专利是颠覆性（disruptive）的，那么引用它的后续工作不太可能同时引用它的前人工作。换言之，对于未来的研究者来说，该论文或专利是颠覆了已有成果，因此，其所引用的前人文献是无关的。如果一篇论文或专利是整合性（consolidating）的，引用它的后续工作也更有可能引用它的前人工作。换言之，对于未来的研究者来说，该论文或专利是整合了已有成果而提出了新的理论，因此，其所引用的前人文献仍然是高度相关的。根据以上直觉，对于给定的论文或专利 j，帕克等（2023）构建了 CD_t 指数：

$$CD_t = \frac{1}{N} \sum_{i=1}^{N} (-2f_{it}b_{it} + f_{it}) \tag{3-3}$$

其中，如果在论文或专利发布后 t 年内，论文 i 引用了焦点论文/专利 j，则 $f_{it} = 1$，否则为 0。类似地，如果论文 i 引用了焦点论文/专利 j 所引用前人工作，则 $b_{it} = 1$；否则为 0。N 是截止时间 t 焦点工作及其所引用的前人工作所获得的引用总数。不难发现，对于完全颠覆性创新，则 $f_{it} = 1$，$b_{it} = 0$，从而 CD 指数等于 1；相反，对于完全整合性创新，则 $f_{it} = b_{it} = 1$，从而 CD 指数等于 -1。基于上述指标，帕克等（2023）发现，全球的颠覆性创新在持续下降。国内也有部分学者开始采用上述指标测算突破性创新（王雄元和秦江缘，2023）。

3.1.4　其他指标

此外，部分文献还提出了基于专利著录项构造的测度指标。例如，张杰和郑文平（2018）基于专利 IPC 分类码的多样性，构建了知识宽度指标。我国 IPC 分类码是以"部 - 大类 - 小类 - 大组 - 小组"的形式定义的。因此，可以测算某个专利在技术大组层级的赫芬达尔指数来计算技术门类的集中度，然后再用 1 减去该指数测算其宽度。该做法由于较为简便，也得到了我国国内研究的认可（杨鹏等，2024）。此外，部分文献也开始采用文本分析法对专利的原创性和新颖性开展评估（陈强远等，2022）。

3.1.5　简要评述

虽然专利质量和专利价值比较接近，但是两者并不完全等价。实际上，从前述国外的文献可以发现，美国专利体系要求企业在申请时必须引用已有专利或者文献，以便于审查员审查该专利的新颖性。但是将上述指标迁移至中国情景时，则存在一些现实制度上的差异。正如冈萨雷斯—乌里韦（González - Uribe，2020）所指出的，申请人和审查人都能够引用某个特定的专利。但是在中国的专利体系并没有对申请人引用已有专利提出硬性要求。虽然知识产权局公布的《专利审查指南（2023 版）》在第二部分第二章细则 20.1 规定："写明……背景技术；有可能的，并引证反映这些背景技术的文件。"但实际上，大多数专利申请书并没有列出引用信息。而最接近于人们理解的"引用"，是国家知识产权局向申请人颁发的专利权利书扉页上所列明的"对比文件"，其实质上是审查员用于判断专利新颖性（novelty）的相关专利。换言之，中国专利的引用大多是来自专利审查员。由此可见，我国专利引用数据并不能反映公司技术的领域，前述大部分的衍生指标难以完整地刻画专利的质量。

为此，本章将参考科根等（Kogan et al.，2017）的做法，构建专利经济价值指标（简称 KPSS 模型）。正如第 2 章实物期权模型所指出的，企业市值的变动可以反映专利的经济价值。奥斯汀（Austin，1993）估算了美国上市公司公布专利时其股票收益率的变动。此外，孔和施密德（Kung & Schmid，2015）构造了一个动态随机一般均衡（dynamic stochastic general equilibrium，DSGE）模型，将内生化的技术创新引入真实商业周期（real business cycle，RBC）模型。他们的模型认为，企业市值包括三个部分：实物资本的价值、当前所使用专利的价值，以及未来将使用专利的价值。因此，企业价值高出实物资本的部分，可以由专利经济价值所刻画。由此可见，采用企业市值变动（即股价变化）估算专利的经济价值具有较为坚实的理论基础，也适合我国日前的专利体系。近年来，KPSS 模型所推导得到的数据正越来越多地被许多国外相关研究所采用（Ali & Hirshleifer，2020；Ayyagari et al.，2024；Frydman & Papanikolaou，2018；Geelen et al.，2022；Heath & Mace，2020；Islam & Zein，2020；Kline et al.，2019）。最近，有学者考虑了专利的离散特性，结合股价变动数据以及泊松分布模型估计专利的价值（Chen et al.，2019）。

3.2　广义 KPSS 模型

本节将推广科根等（2017）所提出的专利价值模型，以便在同一个框架下同时估计企业授权专利和驳回专利所带来的经济价值。首先，本节先介绍 KPSS 模型的具体设定。然后，本节将上述估计方法推广至被驳回专利。

3.2.1 KPSS 模型设定

KPSS 模型假设专利 j 的价值为 ξ_j，在专利公告日市场认为专利授权的事前（ex ante）概率为 π_j。根据有效市场假设，假定市场参与者能够观察到专利价值。那么，在申请成功前资本市场认为专利的事前期望价值为 $\mathbb{E}_0[\xi_j] = \pi_j \cdot \xi_j + (1 - \pi_j) \cdot 0 = \pi_j \xi_j$。因此，未预料到的专利价值 $\Delta V_j = \xi_j - \mathbb{E}[\xi_j] = (1 - \pi_j)\xi_j$。t 时刻的特质收益率定义为企业当天股票收益率减去市场收益率[①]，并且假定由两个部分构成：

$$R_j = v_j + \varepsilon_j \qquad (3-4)$$

其中，v_j 表示专利价值占市值的比重，而 ε_j 表示与专利无关的成分。对于专利 j 而言，如果有 N_j 个专利在同一天授权，那么专利 j 的价值应当为：

$$\xi_j = \frac{\Delta V_j}{1 - \pi_j}$$
$$= \frac{1}{1 - \pi_j} \frac{\mathbb{E}[v_j | R_j] M_j}{N_j} \qquad (3-5)$$

其中，KPSS 使用了事前无条件授权概率 $\bar{\pi}$ 来度量 π_j，而 M_j 是该公司在专利授权前一天的市值。因此，式（3-5）中只有条件期望是待定值。KPSS 认为专利价值恒正，由此，令 $v_j \sim N^+(0, \sigma_{vft}^2)$，$\varepsilon_j \sim N(0, \sigma_{\varepsilon ft}^2)$，其中 N^+ 表示半正态分布。利用条件期望的定义，我们很容易求出：

$$\mathbb{E}[v_j | R_j] = \delta_{ft} R_j + \sqrt{\delta_{ft}} \sigma_{\varepsilon ft} \frac{\phi\left(-\sqrt{\delta_{ft}}\frac{R_j}{\sigma_{\varepsilon ft}}\right)}{1 - \Phi\left(-\sqrt{\delta_{ft}}\frac{R_j}{\sigma_{\varepsilon ft}}\right)} \qquad (3-6)$$

其中，信噪比 δ_{ft} 定义为：

---

① 该方法假定所有公司拥有相同的 β。在 KPSS 原模型中，它们的稳健性检验中，使用了"beta-matched market portfolio"作为替代，也就是使用 β 相似的投资组合收益率替代市场收益率。由于我国缺少相关数据，因此本章不作上述稳健性检验。

$$\delta_{ft} := \frac{\sigma_{vft}^2}{\sigma_{vft}^2 + \sigma_{eft}^2} \qquad\qquad (3-7)$$

3.2.2　广义 KPSS 模型设定

KPSS 模型只能计算授权专利的价值。KPSS 模型的关键假设在于，专利一旦没有获得授权，则该专利的经济价值等于 0。然而实际上企业在研究、开发和申请专利的过程中需要支出一定的费用。此外，虽然专利被驳回的主要原因是相应技术的新颖性不足，但是专利被驳回的信息也部分反映了相应技术可能存在商业应用前景不明朗等问题，导致投资者对企业技术创新的方向产生怀疑。因此，本章认为，专利被国家知识产权局驳回的信息会对企业股价产生负面的冲击。有鉴于此，本章在原 KPSS 模型的基础上提出的广义 KPSS 模型，即在模型中考虑被驳回专利的价值。

为了估计被驳回专利的价值，本章需要对 KPSS 模型假设加以修正。本章假设专利的经济价值服从正态分布，即 $\xi_j \sim N(0, \sigma_{eft}^2)$。按照本书第 2 章的研究，假定投资者将专利价值 ξ_j 视作未来现金流的贴现，因而可能存在专利价值为负的专利，即未来实现价值小于研发成本的无效专利。在此基础上，本章定义 $\Delta\xi_j := \xi_j - \hat{\xi}$，代表专利授权决定公布后，其真实专利价值与预期专利价值之间的差值。上式事实上是 KPSS 模型中 ΔV_j 的一个推广形式。

根据本章前面的假设，专利授权可能为企业带来正面收益，但是专利被驳回也可能带来负面收益。假设在某个交易日，企业被授权专利数为 N^G，被驳回专利数为 N^D，那么其特质收益率可以表示为：

$$R_j = \frac{N^G \Delta\xi_j^+ - N^D \Delta\xi_j^-}{M_j} + \varepsilon_j \qquad\qquad (3-8)$$

其中，$\Delta\xi_j^+ := \max\{\xi_j - \hat{\xi}, 0\}$，$\Delta\xi_j^- := \max\{\hat{\xi} - \xi_j, 0\}$，$\varepsilon_j$ 为随机扰动项。换言之，式（3-8）其实是式（3-6）的推广，即在原模型的基础上，引入了被驳回专利所带来的负面收益 $N^D \Delta\xi_j^-$。

为了进一步分离 $\Delta\xi_j^+$ 和 $\Delta\xi_j^-$，本章假设 $\Delta\xi_j^+$ 和 $\Delta\xi_j^-$ 相互独立，并且都服从半正态分布 $N^+(0, \sigma_{eft}^2)$。如果令 $\pi_+ := N^G/M_j$，$\pi_- := N^D/M_j$，且 $w_j := \pi_+ \Delta\xi_j^+$，$v_j := \pi_- \Delta\xi_j^-$，那么我们可以得到：

$$R_j = w_j - v_j + \varepsilon_j \tag{3-9}$$

其中，$w_j \sim N^+(0, \pi_+^2 \sigma_{\xi ft}^2)$，$v_j \sim N^+(0, \pi_-^2 \sigma_{\xi ft}^2)$。由此可见，此时 Δv_j^+ 和 Δv_j^- 可能存在不同的标准差。为了方便，不妨令 $\sigma_{wft}^2 := \pi_+^2 \sigma_{\xi ft}^2$，$\sigma_{vft}^2 := \pi_-^2 \sigma_{\xi ft}^2$。此时，我们需要在给定特质收益率 R_j 的情况下，求出 $\mathbb{E}[w_j|R_j]$ 和 $\mathbb{E}[v_j|R_j]$。

3.3 相关性质证明

为了求出上一节中的条件期望，本节先证明若干半正态分布和正态分布的统计性质，以用于后续推导。

3.3.1 半正态分布下联合概率分布函数以及条件期望

为了简单，我们接下来省略下标 j、f 和 t。我们需要先求出条件概率 $f_w(w|R)$。令 $x = w - v$，则对于 $x \geq 0$，由卷积公式可得：

$$
\begin{aligned}
f_x(x) &= \int_x^\infty \frac{4}{\sigma_w \sigma_v} \phi\left(\frac{x+v}{\sigma_w}\right) \phi\left(\frac{v}{\sigma_v}\right) dv \\
&= \frac{2}{\sigma_w \sigma_v \pi} \int_x^\infty \exp\left\{-\frac{\sigma_v^2 x^2 + 2\sigma_v^2 vx + (\sigma_v^2 + \sigma_w^2) x^2}{2\sigma_w^2 \sigma_v^2}\right\} dv
\end{aligned} \tag{3-10}
$$

令 $\sigma_x^2 = \sigma_v^2 + \sigma_w^2$，则：

$$
\begin{aligned}
f_x(x) &= \frac{2}{\sigma_w \sigma_v \pi} \int_z^\infty \exp\left\{-\frac{\sigma_v^2 x^2 + 2\sigma_v^2 vx + \sigma_x^2 v^2}{2\sigma_w^2 \sigma_v^2}\right\} dv \\
&= \frac{2}{\sigma_w \sigma_v \pi} \exp\left\{-\frac{x^2}{2\sigma_x^2}\right\} \int_z^\infty \exp\left\{-\frac{\left(v + \frac{\sigma_v^2}{\sigma_x^2} x\right)^2}{2 \frac{\sigma_w^2 \sigma_v^2}{\sigma_x^2}}\right\} dv
\end{aligned} \tag{3-11}
$$

由此可见，$f_x(x)$ 由两部分相乘得到，第一部分是服从 $N(0, \sigma_x^2)$ 的概率密度函数，而第二部分则是服从 $N(-\sigma_v^2 x/\sigma_x^2, \sigma_w^2 \sigma_v^2/\sigma_x^2)$ 的累积分布函数（CDF）。因而有：

$$f_x(x) = \frac{4}{\sigma_x}\phi\left(\frac{x}{\sigma_x}\right)\Phi\left(-\frac{\sigma_v x}{\sigma_w \sigma_x}\right) \tag{3-12}$$

另外，对于 $x < 0$ 同样有：

$$f_x(x) = \frac{4}{\sigma_x}\phi\left(\frac{x}{\sigma_x}\right)\Phi\left(\frac{\sigma_w x}{\sigma_v \sigma_x}\right) \tag{3-13}$$

综上所述：

$$f_x(x) = \begin{cases} \dfrac{4}{\sigma_x}\phi\left(\dfrac{x}{\sigma_x}\right)\Phi\left(-\dfrac{\sigma_v x}{\sigma_w \sigma_x}\right), & x \geqslant 0 \\[3mm] \dfrac{4}{\sigma_x}\phi\left(\dfrac{x}{\sigma_x}\right)\Phi\left(\dfrac{\sigma_w x}{\sigma_v \sigma_x}\right), & x < 0 \end{cases} \tag{3-14}$$

3.3.2　正态分布与 x 的和的分布

由于 $R = w - v + \varepsilon = x + \varepsilon$，我们由卷积公式可以知道：

$$f_R(R) = \underbrace{\int_{-\infty}^{0}\frac{4}{\sigma_x}\phi\left(\frac{x}{\sigma_x}\right)\Phi\left(\frac{\sigma_w x}{\sigma_v \sigma_x}\right)\frac{1}{\sigma_\varepsilon}\phi\left(\frac{R-x}{\sigma_\varepsilon}\right)dx}_{I_1}$$

$$+ \underbrace{\int_{0}^{+\infty}\frac{4}{\sigma_x}\phi\left(\frac{x}{\sigma_x}\right)\Phi\left(-\frac{\sigma_v x}{\sigma_w \sigma_x}\right)\frac{1}{\sigma_\varepsilon}\phi\left(\frac{R-x}{\sigma_\varepsilon}\right)dx}_{I_2} \tag{3-15}$$

分别计算 I_1 和 I_2 的积分值。对于 I_1 有：

$$I_1 = \int_{-\infty}^{0}\frac{4}{\sigma_x}\phi\left(\frac{x}{\sigma_x}\right)\frac{1}{\sigma_\varepsilon}\phi\left(\frac{R-x}{\sigma_\varepsilon}\right)\Phi\left(\frac{\sigma_w x}{\sigma_v \sigma_x}\right)dx$$

$$= \int_{-\infty}^{0}\frac{2}{\sigma_x \sigma_\varepsilon \pi}\exp\left\{-\frac{1}{2}\left(\frac{x}{\sigma_x}\right)^2\right\}\exp\left\{-\frac{1}{2}\left(\frac{R-x}{\sigma_\varepsilon}\right)^2\right\}\int_{-\infty}^{\frac{\sigma_w x}{\sigma_v \sigma_x}}\phi(y)dydx \tag{3-16}$$

令 $\sigma^2 := \sigma_\varepsilon^2 + \sigma_w^2 + \sigma_v^2 = \sigma_\varepsilon^2 + \sigma_x^2$，由 $K := \dfrac{2}{\sigma_x \sigma_\varepsilon \pi}\exp\left\{-\dfrac{1}{2}\left(\dfrac{R}{\sigma_\varepsilon}\right)^2\right\}$ 可得：

$$I_1 = K\int_{-\infty}^{0}\phi(y)\left[\int_{\frac{\sigma_v \sigma_x y}{\sigma_w}}^{0}\exp\left\{-\frac{1}{2}\frac{\sigma^2}{\sigma_x^2 \sigma_\varepsilon^2}x^2 + \frac{R}{\sigma_\varepsilon^2}x\right\}dx\right]dy \tag{3-17}$$

同理，可以计算 I_2 得到：

$$I_2 = K\int_{-\infty}^{0}\phi(y)\left[\int_{0}^{-\frac{\sigma_w\sigma_x y}{\sigma_v}}\exp\left\{-\frac{1}{2}\frac{\sigma^2}{\sigma_x^2\sigma_\varepsilon^2}x^2+\frac{R}{\sigma_\varepsilon^2}x\right\}dx\right]dy \quad (3-18)$$

综上所述：

$$f_R(R) = K\int_{-\infty}^{0}\phi(y)\left[\int_{\frac{\sigma_v\sigma_x y}{\sigma_w}}^{-\frac{\sigma_w\sigma_x y}{\sigma_v}}\exp\left\{-\frac{1}{2}\frac{\sigma^2}{\sigma_x^2\sigma_\varepsilon^2}x^2+\frac{R}{\sigma_\varepsilon^2}x\right\}dx\right]dy$$

$$= \frac{4}{\sqrt{2\pi}\sigma}\exp\left\{-\frac{1}{2}\frac{R^2}{\frac{\sigma^2\sigma_\varepsilon^2}{\sigma^2-\sigma_x^2}}\right\}$$

$$\cdot\int_{-\infty}^{0}\varphi(y)\left[\Phi\left(\frac{\sigma_x}{\sigma\sigma_\varepsilon}R-\frac{\sigma_v\sigma}{\sigma_w\sigma_\varepsilon}y\right)-\Phi\left(\frac{\sigma_x}{\sigma\sigma_\varepsilon}R+\frac{\sigma_w\sigma}{\sigma_v\sigma_\varepsilon}y\right)\right]dy$$

$$(3-19)$$

注意到 $\sigma^2-\sigma_x^2=\sigma_\varepsilon^2$，因而有：

$$f_R(R) = \frac{4}{\sigma}\phi\left(\frac{R}{\sigma}\right)\int_{-\infty}^{0}\phi(y)\left[\Phi\left(\frac{\sigma_x}{\sigma\sigma_\varepsilon}R-\frac{\sigma_v\sigma}{\sigma_w\sigma_\varepsilon}y\right)-\Phi\left(\frac{\sigma_x}{\sigma\sigma_\varepsilon}R+\frac{\sigma_w\sigma}{\sigma_v\sigma_\varepsilon}y\right)\right]dy$$

$$(3-20)$$

本小节不加证明地引入一个结论，即 R 的概率密度函数可以转化为二元标准正态分布。假设 X 和 Y 服从联合正态分布，其相关系数为 ρ，记联合分布函数为 $F(x,y;\rho)$，则式（3-20）可改写为：

$$f_R(R) = \frac{4}{\sigma}\phi\left(\frac{R}{\sigma}\right)\left[F\left(0,\frac{R}{\theta_1};\rho_1\right)-F\left(0,\frac{R}{\theta_2};\rho_2\right)\right] \quad (3-21)$$

这样做的好处在于，大部分统计软件能提供二元标准正态分布的概率分布函数值，从而可以直接计算式（3-21）。

3.3.3 给定 R 下 w 和 v 的条件分布

接下来，以 w 为例计算 $f(w|R)$。具体而言，令 $z=\varepsilon-v$，则 $R=z+w$。因此，由卷积公式可得 $f(w,R)=f_w(w)f_z(R-w)$。已知 $f_w(w)$ 是半正态密度函数，因而我们需求 $f_z(R-w)$。再次使用卷积公式可以知道：

$$f_z(R-w) = \frac{2}{\sqrt{\sigma_v^2 + \sigma_\varepsilon^2}} \phi\left(\frac{z}{\sqrt{\sigma_v^2 + \sigma_\varepsilon^2}}\right) \Phi\left(\frac{\sigma_v}{\sigma_\varepsilon} \frac{z}{\sqrt{\sigma_v^2 + \sigma_\varepsilon^2}}\right) \qquad (3-22)$$

故条件概率密度函数为：

$$f(w|R) = \frac{\dfrac{2}{\sigma_w}\phi\left(\dfrac{w}{\sigma_w}\right) \dfrac{2}{\sqrt{\sigma_v^2 + \sigma_\varepsilon^2}}\phi\left(\dfrac{z}{\sqrt{\sigma_v^2 + \sigma_\varepsilon^2}}\right)\Phi\left(\dfrac{\sigma_v}{\sigma_\varepsilon}\dfrac{z}{\sqrt{\sigma_v^2 + \sigma_\varepsilon^2}}\right)}{\dfrac{4}{\sigma}\phi\left(\dfrac{R}{\sigma}\right)\left[F\left(0,\dfrac{R}{\theta_1};\rho_1\right) - F\left(0,\dfrac{R}{\theta_2};\rho_2\right)\right]}$$

$$(3-23)$$

若我们记 $F_i := F(0, R/\theta_i; \rho_i), i = 1, 2$，并代入 $z = R - w$ 则有：

$$f(w|R) = \frac{1}{F_1 - F_2}\Phi\left(\frac{\sigma_v}{\sigma_\varepsilon}\frac{R-w}{\sqrt{\sigma_v^2+\sigma_\varepsilon^2}}\right)\frac{1}{\sqrt{2\pi}}\frac{\sigma}{\sigma_w\sqrt{\sigma_v^2+\sigma_\varepsilon^2}}$$

$$\cdot \exp\left\{-\frac{1}{2}\left(\frac{\sigma}{\sigma_w\sqrt{\sigma_v^2+\sigma_\varepsilon^2}}\right)^2\left(w-\frac{\sigma_w^2}{\sigma^2}R\right)^2\right\} \qquad (3-24)$$

令 $s_w := \sigma_w\sqrt{\sigma_v^2+\sigma_\varepsilon^2}/\sigma$，$\lambda_1 := \sigma\sigma_v/\sigma_w\sigma_\varepsilon$，由于 $\theta_1 = \sigma\sqrt{(\sigma_v^2+\sigma_\varepsilon^2)}/\sigma_w^2$，则有：

$$f(w|R) = \frac{1}{F_1 - F_2}\frac{1}{s_w}\phi\left(\frac{w}{s_w} - \frac{R}{\theta_1}\right)\Phi\left(\lambda_1\frac{R-w}{\theta_1}\right) \qquad (3-25)$$

同理可得：

$$f(v|R) = \frac{1}{F_1 - F_2}\frac{1}{s_v}\phi\left(\frac{v}{s_v} + \frac{R}{\theta_2}\right)\Phi\left(\lambda_2\frac{R+v}{\theta_2}\right) \qquad (3-26)$$

3.3.4　给定 R 下 w 和 v 的条件期望

由式（3-22）可以知道，条件期望 $\mathbb{E}[w|R]$ 为：

$$\mathbb{E}[w|R] = \int_0^\infty \frac{1}{F_1 - F_2}\frac{w}{s_w}\phi\left(\frac{w}{s_w} - \frac{R}{\theta_1}\right)\Phi\left(\lambda_1\frac{R-w}{\theta_1}\right)dw \qquad (3-27)$$

令 $\hat{w} := w/s_w - R/\theta_1$，则有 $w = s_w\hat{w} + s_wR/\theta_1$，从而有：

$$\mathbb{E}[w|R] = \frac{1}{F_1 - F_2}\int_{-R/\theta_1}^{\infty} s_w \hat{w}\phi(\hat{w})\Phi\left(-\lambda_1\frac{s_w\hat{w}}{\theta_1} + \lambda_1\frac{R}{\theta_1} - \lambda_1\frac{s_wR}{\theta_1^2}\right)d\hat{w} + \frac{s_wR}{\theta_1}$$

$$(3-28)$$

经计算可得：

$$\mathbb{E}[w|R] = \frac{s_w}{F_1 - F_2}\left[\phi\left(\frac{R}{\theta_1}\right)\Phi\left(-\frac{\lambda_1}{\theta_1}R\right) + \frac{\sigma^2}{\theta_1\theta_2}\phi\left(\frac{R}{\theta_2}\right)\Phi\left(\frac{\lambda_2}{\theta_2}R\right)\right] + \frac{\sigma_w^2}{\sigma^2}R$$

$$(3-29)$$

根据前述二元标准正态分布的结论，即：

$$F(x,y;\rho) = \int_{-\infty}^{x}\phi(\tilde{x})\Phi\left(\frac{y - \rho\tilde{x}}{\sqrt{1 - \rho^2}}\right)d\tilde{x}$$

$$(3-30)$$

因此，若令 $x = x'/\theta$，$y = 0$，且记：

$$H(x';\theta,\lambda) = 2F\left(\frac{x'}{\theta},0;\rho\right) = \int_{-\infty}^{x'}\frac{2}{\theta}\phi\left(\frac{\hat{x}}{\theta}\right)\Phi\left(-\frac{\rho\hat{x}/\theta}{\sqrt{1 - \rho^2}}\right)d\hat{x}$$

$$(3-31)$$

由此可得偏正态分布（skew normal distribution）函数。若记 $\lambda = -\rho/\sqrt{1 - \rho^2}$，则概率密度函数为：

$$h(x';\theta,\lambda) = \frac{2}{\theta}\phi\left(\frac{x'}{\theta}\right)\Phi\left(\frac{\lambda}{\theta}x'\right)$$

$$(3-32)$$

代入式（3-29）得：

$$\mathbb{E}[w|R] = \frac{1}{2}\frac{1}{F_1 - F_2}\left[(\sigma_v^2 + \sigma_\varepsilon^2)h(R;\theta_1,-\lambda_1) + \sigma_w^2 h(R;\theta_2,\lambda_2)\right] + \frac{\sigma_w^2}{\sigma^2}R$$

$$(3-33)$$

记 $h_1 = h(R;\theta_1,-\lambda_1)$，$h_2 = h(R;\theta_2,\lambda_2)$，则：

$$\mathbb{E}[w|R] = \frac{1}{2}\frac{(\sigma^2 - \sigma_w^2)h_1 + \sigma_w^2 h_2}{F_1 - F_2} + \frac{\sigma_w^2}{\sigma^2}R$$

$$(3-34)$$

同理：

$$\mathbb{E}\left[\,v\,|\,R\,\right] \;=\; \frac{1}{2}\,\frac{\sigma_v^2 h_1 + (\sigma^2 - \sigma_v^2)h_2}{F_1 - F_2} \;-\; \frac{\sigma_v^2}{\sigma^2}R \qquad (3-35)$$

3.4　测算结果分析

3.4.1　广义 KPSS 模型最终表达式

利用上一节的结论可得:

$$\Delta\xi_j^+ \;=\; \frac{M_j}{N^G}\,\mathbb{E}\left[\,w_j\,|\,R_j\,\right], \;\; \Delta\xi_j^- \;=\; \frac{M_j}{N^D}\,\mathbb{E}\left[\,v_j\,|\,R_j\,\right] \qquad (3-36)$$

从而授权专利价值 ξ_j^+ 和被驳回专利价值 ξ_j^- 分别为:

$$\xi_j^+ \;=\; \frac{M_j}{N^G}\,\mathbb{E}\left[\,w_j\,|\,R_j\,\right] + \hat{\xi}, \;\; \xi_j^- \;=\; \hat{\xi} - \frac{M_j}{N^D}\,\mathbb{E}\left[\,v_j\,|\,R_j\,\right] \qquad (3-37)$$

因此,我们需要估计几个重要参数: σ_w、σ_v 以及 σ_ε。对于纯授权和纯驳回的交易日,上述模型将退化为 KPSS 模型。例如,对于纯授权日,若 $\sigma_v \to 0$,则 $\sigma^2 \to \sigma_w^2 + \sigma_\varepsilon^2$,$\sigma_x^2 \to \sigma_w^2$,且

$$\lim_{\sigma_v \to 0} F\left(0, \frac{R}{\theta_1}; \rho_1\right) = \int_{-\infty}^{0} \phi(y)\Phi\left(\frac{\sigma_w}{\sigma\sigma_\varepsilon}R\right)dy = \frac{1}{2}\Phi\left(\frac{\sigma_w}{\sigma\sigma_\varepsilon}R\right)$$

$$\lim_{\sigma_v \to 0} F\left(0, \frac{R}{\theta_2}; \rho_2\right) = \int_{-\infty}^{0} \phi(y)\Phi(-\infty)dy = 0 \qquad (3-38)$$

由于:

$$\lim_{\sigma_v \to 0}\theta_1 = \lim_{\sigma_v \to 0}\sigma\sqrt{\frac{\sigma_\varepsilon^2 + \sigma_v^2}{\sigma_w^2}} = \sigma\frac{\sigma_\varepsilon}{\sigma_w}$$

$$\lim_{\sigma_v \to 0}\theta_2 = \lim_{\sigma_v \to 0}\sigma\sqrt{\frac{\sigma_\varepsilon^2 + \sigma_w^2}{\sigma_v^2}} = \infty$$

$$\lim_{\sigma_v \to 0}\frac{\lambda_1}{\theta_1} = \lim_{\sigma_v \to 0}\frac{\dfrac{\sigma\sigma_v}{\sigma_w\sigma_\varepsilon}}{\sigma\sqrt{\dfrac{\sigma_\varepsilon^2 + \sigma_v^2}{\sigma_w^2}}} = \lim_{\sigma_v \to 0}\frac{\sigma_v}{\sigma_\varepsilon\sqrt{\sigma_\varepsilon^2 + \sigma_v^2}} = 0$$

$$\lim_{\sigma_v \to 0} \frac{\lambda_2}{\theta_2} = \lim_{\sigma_v \to 0} \frac{\dfrac{\sigma\sigma_w}{\sigma_v\sigma_\varepsilon}}{\sigma\sqrt{\dfrac{\sigma_\varepsilon^2 + \sigma_w^2}{\sigma_v^2}}} = \frac{\sigma_w}{\sigma_\varepsilon\sqrt{\sigma_\varepsilon^2 + \sigma_w^2}} \qquad (3-39)$$

因而有：

$$\lim_{\sigma_v \to 0} h(R;\theta_1,-\lambda_1) = \frac{2}{\sigma\dfrac{\sigma_\varepsilon}{\sigma_w}}\phi\left(\frac{R}{\sigma\dfrac{\sigma_\varepsilon}{\sigma_w}}\right)\Phi(0) = \frac{\sigma_w}{\sigma\sigma_\varepsilon}\phi\left(\frac{\sigma_w R}{\sigma\sigma_\varepsilon}\right)$$

$$\lim_{\sigma_v \to 0} h(R;\theta_2,\lambda_2) = 0 \cdot \Phi\left(\frac{\sigma_w R}{\sigma_\varepsilon\sqrt{\sigma_\varepsilon^2 + \sigma_w^2}}\right) = 0 \qquad (3-40)$$

从而：

$$\mathbb{E}[w|R] = \frac{1}{2}\frac{\sigma_\varepsilon^2 \dfrac{\sigma_w}{\sigma\sigma_\varepsilon}\phi\left(\dfrac{\sigma_w R}{\sigma\sigma_\varepsilon}\right) + \sigma_w^2 \cdot 0}{\dfrac{1}{2}\Phi\left(\dfrac{\sigma_w}{\sigma\sigma_\varepsilon}R\right)} + \frac{\sigma_w^2}{\sigma^2}R$$

$$= \frac{\sigma_w^2}{\sigma^2}R + \frac{\sigma_\varepsilon\sigma_w}{\sigma}\frac{\phi\left(-\dfrac{\sigma_w R}{\sigma\sigma_\varepsilon}\right)}{1 - \Phi\left(-\dfrac{\sigma_w}{\sigma\sigma_\varepsilon}R\right)} \qquad (3-41)$$

式（3-41）即 KPSS 的原公式。因此，对于纯授权日和纯驳回日，可以采用 KPSS 模型加以估计。而对于既有授权又有驳回的交易日，假定 w_j 和 v_j 具有相同的标准差，考虑回归方程：

$$\ln(R_{fd}^2) = \gamma I_{fd} + c Z_{fd} + u_{fd} \qquad (3-42)$$

对于 $I_{fd} = 1$ 的情形，$\sigma_{ft}^2 = \sigma_{wft}^2 + \sigma_{vft}^2 + \sigma_{\varepsilon ft}^2$；对于 $I_{fd} = 0$ 的情形，$\sigma_{ft}^2 = \sigma_{\varepsilon ft}^2$。注意到 $\sigma_{wft}^2 = \pi_+^2\sigma_{\xi ft}^2$，$\sigma_{vft}^2 = \pi_-^2\sigma_{\xi ft}^2$，则 $\sigma_{ft}^2 = (\pi_+^2 + \pi_-^2)\sigma_{\xi ft}^2 + \sigma_{\varepsilon ft}^2$。

参考 KPSS 模型的假设，令 $\sigma_{\xi ft}^2/\sigma_{\varepsilon ft}^2$ 在同一公司内部是恒定的，因而有：

$$e^{-\hat{\gamma}} = \frac{\sigma_{\varepsilon ft}^2}{(\pi_+^2 + \pi_-^2)\sigma_{\xi ft}^2 + \sigma_{\varepsilon ft}^2} \qquad (3-43)$$

从而：

$$\frac{\sigma_{\xi ft}^2}{\sigma_{\varepsilon ft}^2} = \frac{e^{\hat{\gamma}} - 1}{\pi_+^2 + \pi_-^2} \tag{3-44}$$

同时，按照公告日是交易日的比例 d_{ft} 得到 $\sigma_{\varepsilon ft}$ 的估计值。具体而言，$\sigma_{ft}^2 = \frac{1}{3}\sigma_{\varepsilon ft}^2 + d_{ft}(\pi_+^2 + \pi_-^2)\sigma_{\xi ft}^2 = \frac{1}{3}\sigma_{\varepsilon ft}^2 + d_{ft}(e^{\hat{\gamma}} - 1)\sigma_{\varepsilon ft}^2$，从而：

$$\sigma_{\varepsilon ft}^2 = \frac{3\sigma_{ft}^2}{1 + 3d_{ft}(e^{\hat{\gamma}} - 1)} \tag{3-45}$$

由此可得：

$$\sigma_{wft}^2 = \frac{\pi_+^2}{\pi_+^2 + \pi_-^2} \frac{3\sigma_{ft}^2(e^{\hat{\gamma}} - 1)}{1 + 3d_{ft}(e^{\hat{\gamma}} - 1)}, \quad \sigma_{vft}^2 = \frac{\pi_-^2}{\pi_+^2 + \pi_-^2} \frac{3\sigma_{ft}^2(e^{\hat{\gamma}} - 1)}{1 + 3d_{ft}(e^{\hat{\gamma}} - 1)} \tag{3-46}$$

根据上述结果，可以求出下列表达式的值：

$$\theta_1 = \frac{\sigma_{ft}}{\sigma_{wft}} \sqrt{\sigma_{vft}^2 + \sigma_{\varepsilon ft}^2}$$

$$\theta_2 = \frac{\sigma_{ft}}{\sigma_{vft}} \sqrt{\sigma_{wft}^2 + \sigma_{\varepsilon ft}^2}$$

$$\rho_1 = \sqrt{\frac{\sigma_{ft}^2}{\sigma_{wft}^2 + \sigma_{vft}^2 + \sigma_{\varepsilon ft}^2 \left(1 + \frac{\sigma_{wft}^2}{\sigma_{vft}^2}\right)}}$$

$$\rho_2 = -\sqrt{\frac{\sigma_{ft}^2}{\sigma_{wft}^2 + \sigma_{vft}^2 + \sigma_{\varepsilon ft}^2 \left(1 + \frac{\sigma_{vft}^2}{\sigma_{wft}^2}\right)}} \tag{3-47}$$

代入求得 $F(0, R/\theta_1; \rho_1)$ 和 $F(0, R/\theta_2; \rho_2)$ 的值。与此同时，由于有：

$$\frac{\lambda_1}{\theta_1} = \frac{\sigma_v}{\sigma_\varepsilon \sqrt{\sigma_\varepsilon^2 + \sigma_v^2}}, \quad \frac{\lambda_2}{\theta_2} = \frac{\sigma_w}{\sigma_\varepsilon \sqrt{\sigma_\varepsilon^2 + \sigma_w^2}} \tag{3-48}$$

进而可以求得 $h(R; \theta_1, -\lambda_1)$ 和 $h(R; \theta_2, \lambda_2)$ 的取值，最终可得到条件期望值。

3.4.2　我国上市公司专利经济价值测算结果

本小节将上述广义 KPSS 模型应用至 2000～2019 年我国上市公司专利数据。中国国家知识产权局（CNIPA）数据库提供了关于申请人的详细信息，以及专利申请、授权或驳回的时间。根据申请人的名称，将 CNIPA 数据库与上市公司进行匹配。公司的股票价格和无形资产账面价值来自中国证券市场会计研究（CSMAR）数据库。所有数值均以 2000 年的不变价百万元表示。所有上市公司的无形资产平均账面价值作为投资者的期望值 $\hat{\xi}$。这是因为在无形资产当中，大部分项目是企业的知识产权（张杰等，2012）。

值得指出的是，本章样本大小与常见的实证样本大小之间存在一定差距，主要原因如下。首先，根据本章收集到的数据，及其相应的法律状态文本信息，部分专利在估算时存在法律状态尚不完整的问题。正如前文所述，部分发明专利由于需要实质审查，专利授权时间可能是专利申请时间 2～3 年之后。其次，本章在计算专利价值时，需要企业前后 1 个月内的股票交易数据，以估算相应的参数。由于部分专利在授权时，企业股票正处于停牌状态，没有交易数据，因而无法估算相应的结果。即便如此，本章样本仍然覆盖了数据库中约 91% 的专利，以及大部分曾经申请过专利的上市公司。后续章节中参考了克兰等（Kline et al.，2019）的做法，使用专利经济价值对可观测的专利特征进行回归，从而拟合无法计算的专利的经济价值。

表 3-1 报告了基于广义 KPSS 模型计算的专利价值分布。从第（1）列中可以观察到，平均每件专利价值约为 771 万元。该估算结果与前人研究的数量级保持一致。例如，龙小宁等（2018）计算得到平均每件专利的价值约为 685 万元。然而，第（1）列的结果同样表明，我国上市公司专利价值的分布较为分散，其标准差高达 2 149 万元。这种分散的分布情况导致了企业专利价值的均值难以具有代表性。

表 3-1　　　　　　　　广义 KPSS 模型计算的专利价值分布

项目	专利价值（百万元）	企业专利价值（百万元）	占企业总资产比重
均值	7.71	362.67	0.0562
标准差	21.49	32.63	0.1318

项目	专利价值（百万元）	企业专利价值（百万元）	占企业总资产比重
1%	0.83	2.95	0.0006
5%	1.95	6.05	0.0018
10%	2.09	9.85	0.0033
25%	2.65	25.81	0.0086
50%	4.95	73.97	0.0252
75%	7.89	210.89	0.0648
90%	13.44	598.66	0.1374
95%	19.89	1 197.02	0.2056
99%	48.94	4 728.59	0.4239
样本量	1 184 398	22 551	22 551

为此，表 3 - 1 进一步报告了专利价值在各个分位点上的分布。首先，我国专利价值的中位数不足 500 万元，仅 495 万元。因此，上述估计值相较于龙小宁等（2018）的估算结果要偏低。其次，大约 90% 的专利价值均超过 200 万元，该结论与李诗等（2012）的结果保持一致。再次，价值最低（即 1% 分位数处）的部分专利将低于 83 万元，而价值最高（即 99% 分位数处）的部分专利则高于 4 894 万元。但是如果通过平均的汇率折算后，上述专利价值仍然是远低于 KPSS 模型所测算的美国上市公司专利经济价值（约为 1 036 万美元）。最后，我们发现，专利价值的分散程度也小于美国，其主要原因是缺乏高价值专利。根据科根等（2017）的测算，美国上市公司的专利价值中位数为 322 万美元，最高 10% 的专利价值可超 2 209 万美元。由此可见，我国上市公司虽然专利的绝对价值较高，但是仍然相对落后于美国，尤其是高价值专利尤为突出。

表 3 - 1 的第（2）列在上市公司层面对加总其申请的专利的经济价值。同时在第（3）列报告了上市公司专利经济价值占总资产的比重。首先，上市公司所申请的专利经济价值平均达 3.62 亿元，占总资产的 5.62%。作为对比，2020 年我国上市公司平均的无形资产占比约为 4.42%。考虑到专利经济价值代表了投资者对专利未来现金流的折现，而无形资产账面价值只是基于成本法计算的价值，从数值来看上述结果是较为合理的。从公司专利经济价值的分布来看，中位数为 7.40 亿元，约为总资产的 2.52%。这说明，

大约有 1/2 的上市公司，其专利经济价值不超过总资产的 2.52%。根据法拉托等（Falato et al.，2022）的研究，美国上市公司的无形资产快速增加，在2010 年前后和实物资产的比例已经接近 1∶1。由此可见，我国的无形资产的比重仍有较大的上升空间。

为了验证广义 KPSS 模型的适用性，本章从谷歌专利（Google Patents）收集了截至 2021 年的这些专利的被引用数据。在公司层面上，我们将专利价值与引用次数进行回归分析，并在图 3－1 中绘制了两者之间的关系。横轴表示公司专利的被引用次数加一后的对数值，纵轴则展示了公司专利价值的对数值。专利的被引用次数与其经济价值之间存在显著正相关的关系。但是广义 KPSS 指标与专利引用并没有完全落在同一条直线上。尤其是部分专利经济价值高的专利，其获得的引用相对较低。这反映了商用上和技术上的价值并非完全重合，经济价值实际上捕捉了部分专利引用所忽视的信息。

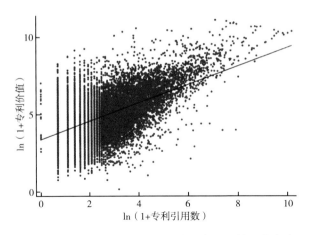

图 3－1　专利价值对专利引用的散点图及其拟合直线

3.5　本章小结

本章有以下几点结论。首先，发明专利因其严格的审查流程而通常具有更高的经济价值，但是利用专利类型刻画专利价值并不全面。其次，专利引用数是衡量专利质量的重要指标，其中前向引用尤其能够体现专利的技术影响力；专利自引率可能暗示企业创新的局限性。但是，上述指标和专利价值之间存在差距，尤其是在中美专利体系差异的前提下，这种差距将误导国内研究的结论。最后，本章提出了广义 KPSS 模型，利用上市公司股票数据同时估计企业授权专利和驳回专利的经济价值，并通过实证分析验证了模型的有效性和专利价值与市场反应之间的相关性。对于学术界而言，本章所提出的广义 KPSS 模型为专利价值评估提供了新的理论工具，有助于推动专利经济价值研究的进一步发展。

第4章

内部薪酬差距与企业创新价值

4.1　研究背景与意义

党的二十大报告提出未来五年"经济高质量发展取得新突破，科技自立自强能力显著提升"的主要目标任务。因此，如何持续推进我国的技术创新活动，实现高水平科技自立自强，是当前我国需要攻克的重大难关。然而技术创新并非一蹴而就，其内在的复杂性决定了技术创新的高风险、长周期和强外部性等特征。为此，企业需要制定合适的薪酬激励机制，以持续地鼓励企业进行技术创新（Holmstrom，1989）。与此同时，我国收入分配差距仍然较大，收入分配制度改革仍需继续深化。放任过大的薪酬差距会降低员工积极性，并引发社会对国有企业薪酬公平性的讨论。

薪酬改革是我国国有企业改革"1 + N"体系中的重要环节。自2002年开始，我国政府多次发布各类"限薪令"，限定企业负责人与普通员工之间的薪酬差距倍数不超过12倍。2009年，经国务院同意，人社部会同六部门联合印发了《关于进一步规范中央企业负责人薪酬管理的指导意见》，力求扭转薪酬差距过大的问题。但是，有学者发现，这次"限薪令"的收效甚微（沈艺峰和李培功，2010）。为此，中央政治局于2014年底审议通过了《中央管理企业负责人薪酬制度改革方案》（以下简称《方案》），并于2015年正式实施。《方案》进一步要求薪酬差距不超过7~8倍，有效地遏制了国有企业的薪酬差距，初步实现了既定的薪酬体制改革目标（常风林等，2017；杨青等，2018）。然而，强制降低薪酬差距是否会削弱企业负责人的薪酬激励，不利于我国创新驱动发展战略的进一步实施？为了全面地讨论上述问题，我们需要了解薪酬差距对企业行为会产生何种影响。

本章实证检验了薪酬差距缩小对企业创新的影响。我们从国家知识产权局收集了上市公司及其子公司 2011～2018 年的专利申请情况及其法律信息，结合财务数据构建了上市公司创新产出样本。为了克服薪酬差距与企业创新产出之间的内生性，我们借助 2015 年正式实施的薪酬改革作为薪酬差距的外生冲击，构建双重差分模型（difference-in-difference，DiD），从实证上检验薪酬差距与企业创新产出之间的因果关系。双重差分模型的回归结果表明，相比民营企业而言，国有企业在薪酬改革之后创新产出质量有所下滑。从定量的角度而言，国有企业的专利价值占比相比民营企业而言下降了约占总资产的 1.49%。我们构建了多个稳健性检验，发现上述结果满足平行趋势假设，并不受处理组定义、遗漏变量以及其他可能混淆政策等影响。本章还探讨了可能的影响机制。在薪酬改革后，国有企业研发投资的相对重要性、风险承担程度均有所下降，而高管更替频率明显上升。这种变化显然不利于企业参与高风险的技术创新，因而导致创新产出质量的下降。

然而，上述模型估计得到的只是薪酬改革的平均处理效应。国企之间的差异相对较大，同样的薪酬改革政策可能带来完全不同的影响。本章采用合成双重差分模型（synthetic DiD，SDiD）估计了薪酬差距对每个国有企业的处理效应。结果发现，薪酬改革的处理效应平均值约为 -0.0118，与标准 DiD 模型一致。但是薪酬改革后，约 20% 的国有企业中专利的经济价值有所提升，最高提升幅度可达总资产的 12.41%。进一步的检验表明，这种正面的处理效应在央企、董事会规模更大、员工创新更重要、竞争更激烈的企业中更加突出。

本章还探讨了薪酬差距对国有企业创新产出质量可能的影响机制。我们发现，在薪酬改革后，国有企业研发投资的相对重要性、风险承担程度均有所下降，而高管更替频率明显上升。这种变化显然不利于企业承担高质量同时也高风险的技术创新项目，因而导致创新产出质量的下降。进一步地，我们还区分了创新产出质量分布的"平移"效应和"压缩"效应。借助双重变化模型（change-in-change，CiC），我们估计出分位数处理效应。以第 40 分位数为分界线，我们发现国有企业的低质量专利和高质量专利在薪酬改革后都有所减少，而且高质量专利减少的幅度更大。由此可见，薪酬改革会"压缩"上市公司创新质量的分布，同时减少低经济价值和高经济价值的技术创新。

本章可能的边际贡献有以下三点。第一，改进了现有文献衡量专利经济价值的测度指标，并利用外生冲击识别出薪酬差距与创新质量之间的因果关系，进一步丰富了内部薪酬差距对企业决策的相关研究。第二，为薪酬差距如何影响企业创新产出贡献了新的研究结论。现有文献大多借助于锦标赛理论和比较理论来解释薪酬差距如何影响企业创新产出（孔东民等，2017；Xu et al.，2017）。本章发现，薪酬改革的负面效应主要来自其改变了企业负责人的激励。第三，扩展了现有 SDiD 模型，为薪酬改革评估研究，乃至更广义的政策评估研究提供了新的研究方法。本章发现，由于国有企业之间的异质性，薪酬改革对国有企业的异质处理效应十分显著。

4.2 文献回顾

4.2.1 企业经理人、员工与企业创新

现有文献分别从经理层和普通员工两个角度来展开研究。一方面，许多研究表明，薪酬激励能够影响企业经理人的决策和行为（Frydman & Jenter，2010），从而改变企业的经营活动，包括创新产出。经典的委托代理理论认为，创新活动具有风险高、时间长、多阶段等特点，因此，一项促进创新的薪酬合约需要容忍失败、鼓励风险承担（Holmstrom，1989）。在此基础上，曼索（Manso，2011）、埃德雷尔和曼索（Ederer & Manso，2013）分别从理论模型以及行为实验两个角度证明，容忍短期失败、奖励长期成功的薪酬机制能够很好地鼓励公司创新。在此基础上，许多国内外的实证研究都表明，高级管理人员薪酬激励是影响公司技术创新的重要因素（李春涛和宋敏，2010；卢锐，2014；Cheng，2004；Coles et al.，2006；Lerner & Wulf，2007）。

另一方面，普通员工也是企业创新的重要参与者。企业创新实质上是在创造新的知识，而企业的员工则是知识的载体（Hall，2002）。因此，企业人力资本能够显著地促进企业的研发投资（吴延兵和刘霞辉，2009）与创新产出（周开国等，2017）。由此可见，激发员工的积极性能够有效地促进企业创新。例如，常鑫等（Chang et al.，2015）发现，授予员工股票期权后，

公司的创新产出提升了。陈晨等（Chen et al.，2016）发现，对待员工更友善的企业通常能够申获更多、更好的专利。相反，如果研发团队之间的收入差异过大（Yanadori & Cui，2013），或普通员工议价能力过高（Bradley et al.，2017），都会削弱研究型员工的创新动力，从而减少公司的技术创新。

4.2.2　薪酬差距与企业创新

结合上述文献，我们知道企业创新需要企业经理人和员工通力合作，两者缺一不可。但是企业经理人和员工之间的薪酬往往存在着较大的差距。这种薪酬差距会对企业创新产生正面还是负面的影响？对此，学术界目前存在两种截然相反的理论。

一方面，行为理论和管理层权力理论都认为，薪酬差距过高会降低企业效率和业绩。社会比较理论（social comparison theory）认为，薪酬差距过高会褫夺员工的公平感（Festinger，1954）。亚当斯（Adams，1965）进一步提出薪酬公平理论，认为个体总会期望社会能够公平地分配奖励。如果员工发现自己的投入收益比要低于高管团队，那么员工就会感到不公平，从而降低企业的生产率（Faleye et al.，2013；Firth et al.，2015）。此外，管理层权力理论认为薪酬差距实际上是管理层权力过大的体现（Bebchuk et al.，2011；Bebchuk & Fried，2003）。贝布楚克等（Bebchuk et al.，2011）认为，高管薪酬差距反映了"壕沟效应（entrenchment effect）"，通常伴随着严重的代理问题。有鉴于此，陈治鸿等（Bebchuk et al.，2011）发现，薪酬差距越大的公司，其股权成本也越高。黎文靖和胡玉明（2012）发现，当薪酬差距过大时，管理层权力也会随之增大，普通员工没有获得正向的激励。由此，可知代理问题会引发企业的效率下降。因此，根据行为理论和管理层权力理论，"限薪令"的出台会缩小薪酬差距，提高创新质量。

另一方面，锦标赛理论认为，薪酬差距越高，企业的各种业绩表现也会越好。自拉齐尔和罗森（Lazear & Rosen，1981）以及罗森（Rosen，1985）提出锦标赛激励理论以来，企业内部的薪酬差距一直被视为竞赛胜者的奖励。在锦标赛理论框架下，员工通过努力工作，实现职级晋升，进而获取更高的薪酬。与此同时，一些生产力较低的员工在锦标赛过程中被淘汰，企业整体的生产力将得到提高（Lazear，2000；Mueller et al.，2017）。这一结论得到了许多实证研究结果的支持（林浚清等，2003；Coles et al.，2018；Kale et al.，2009）。越来越多的国外文献开始关注高管团队与员工的薪酬差距如何影响企业的决策和业绩（Faleye et al.，2013）[①]。戈埃尔和撒克（Goel & Thakor，2008）的理论模型表明，在企业内部锦标赛框架下，其他高管为了赢得晋升机会，会更倾向于承担风险。因此，吉尼和威廉斯（Kini & Williams，2012）发现，这种风险承担会导致更高的研发密度，从而促进企业创新。在国内，孔东民等（2017）和徐茗丽等（Xu et al.，2017）利用工具变量检验了企业内部薪酬差距与企业创新之间的影响，发现薪酬差距与创新产出之间总体呈正向关系。综上所述，根据锦标赛理论，"限薪令"的出台会缩小薪酬差距，从而降低创新质量。

4.2.3　限制薪酬差距与企业创新

在金融危机以后，世界上各个国家或多或少都对上市公司薪酬差距进行了限制。一般而言，国内外的薪酬监管大多只限制管理层的薪酬水平。例如，由于政界和媒体的持续关注，美国在1993年通过了《综合预算调整法案》（Omnibus Budget Reconciliation Act），规定可用于上市公司抵税的高管薪酬限额为10万美元（Rose & Wolfram，2000），这使得美国上市公司高管的货币薪酬大幅下降。而我国历次限薪令也大多规定管理层的薪酬上限，例如，2015年的薪酬改革要求管理层的薪酬不超过普通员工的7~8倍（沈艺峰和李培功，2010；杨青等，2018）。

根据代理理论，限制经理人薪酬可能带来两种后果。一是薪酬—业绩敏感性的改变（Jensen & Murphy，1990）。针对美国1993年《综合预算调整法案》，许多研究对这种政治压力导致的薪酬下降展开了研究。约斯科等（Joskow et al.，1996）、罗斯和沃尔弗拉姆（Rose & Wolfram，2000）发现，这些受管制行业的高管薪酬要低于其他行业，这是因为美国公用设备行

---

① 企业内部薪酬差距可以分为高管团队内部薪酬差距以及高管团队与员工的薪酬差距。高管团队内部薪酬差距即总经理或首席执行官（CEO）与其他高管之间的薪酬差距。后者通常被定义为薪酬金额前五名的高管。高管团队内部薪酬差距在金融学文献中又被称为"pay disparity"或"pay slice"（Bebchuk et al.，2011；Chen et al.，2013；Correa & Lel，2016）。由于美国证监会没有强制上市公司披露员工薪酬，因此，国外研究大多集中于研究高管团队内部薪酬差距。

业和运输行业受到政府的薪酬管制。拉贾戈帕兰和芬克尔斯坦（Rajagopalan
& Finkelstein，1992）认为，这种政府管制会同时减少高管的薪酬水平以及
经理人随机应变的可能性。当政府引入薪酬上限时，业绩再好也不会使得总
经理的薪酬超过上限。反之，当业绩出现波动甚至下降时，会降低总经理的
薪酬。因此，引入薪酬上限将导致理性的经理人更愿意选择一些"短平快"
的项目，保证业绩的稳定性，从而导致创新产出质量的下降。现有文献表
明，当企业负责人变得短视时，他们将不愿意承担风险（Ederer & Manso，
2013）。由于创新是高风险的公司决策，这将减少企业的创新产出质量。二
是薪酬水平值的改变。上市公司在确定高管薪酬时，通常会参考可比公司的
薪酬水平（Albuquerque et al.，2013）。因此，经理人薪酬水平下降，将导致
外部期权更具有吸引力。此时，理性的经理人可能选择转向薪酬更高的民营
企业以获取更高的收益，从而导致高管更替频率上升。然而，这与需要长期
稳定投入的创新活动背道而驰。临近任期结束的高管大多不愿意参与创新活
动，这将导致创新产出质量的下降。

　　综上所述，我们认为"限薪令"的出台将导致高管变得短视、不愿承担
风险，同时也导致高管变更频率的加剧，从而对企业创新产出的质量产生负
面的影响。上述理论假设符合锦标赛理论的预期。

4.3　样本选择与变量定义

4.3.1　样本选择与变量定义

　　本章主要选取《方案》正式实施的 2015 年前后共 8 年（2011～2018
年）全部 A 股上市公司为研究样本。参照布朗等（Brown et al.，2009）以
及其他实证研究惯例，剔除金融行业以及当年存在特殊处理（ST、PT）的
上市公司。所有连续变量都在 1% 和 99% 处进行缩尾处理（winsorized）以减
少离群值的影响。在剔除控制变量缺失的样本后，最终获得了 19 516 个公
司—年度观测值。根据《方案》及其后续改革方案，本章以国有企业作为处
理组，民营企业作为控制组。在稳健性检验中，我们还进一步按薪酬差距高
低进行分组。

本章所选用的主要变量如表 4 - 1 所示。首先，我们从国家知识产权局中手工收集了上市公司及其子公司、联营公司和合营公司的专利著录项信息及其相应的法律信息①。我们根据广义 KPSS 模型估计得到的专利价值进行加总，得到每家公司在每年的专利净价值。除了考虑专利的经济价值以外，我们还参考了余明桂等（2016）和孔东民等（2017）的做法，以上市公司的发明专利申请总量来衡量创新质量。

表 4 – 1   主要变量定义

变量名	具体定义
发明专利申请数量	Ln(1 + 发明专利申请数)
专利经济价值	广义 KPSS 模型估计的专利价值除以总资产
高管—员工差距	高管成员人均薪酬/员工人均薪酬
前三高管—员工差距	前三名董监高人均薪酬/员工人均薪酬
总经理—员工差距	总经理薪酬/员工人均薪酬
董监高—员工差距	董监高人均薪酬/员工人均薪酬
规模	Ln(总资产/10^6)
杠杆率	总负债/总资产
资产收益率（ROA）	息税折旧摊销前收益/总资产
成长性	托宾 Q，即（每股价格×流通股份数 + 每股净资产×非流通股份数 + 负债账面价值)/总资产
董事会规模	Ln(1 + 董事会人数)
机构持股	机构投资者持股数/总股数
两职合一	董事长与总经理是否为同一人
高管任期	Ln(1 + 总经理自上任以来年数)
公司研发占比	研发支出/总资产
公司投资占比	购建固定资产、无形资产和其他长期资产支付的现金/总资产
风险承担程度	经行业调整后的 ROA 三年滚动窗口标准差
高管更替	总经理是否发生变更（是 = 1）

其次，根据新闻报道，《方案》规定企业主要负责人基本年薪根据上年度"在岗职工平均工资的一定倍数确定"，而绩效年薪则"根据年度考核评

---

① 著录项信息包括专利申请人、专利类型等信息，而法律信息包括该专利是否授权、是否驳回等信息。后者主要用于计算广义 KPSS 模型。

价结果在不超过负责人基本年薪的一定倍数内确定"。为此，我们引入企业主要负责人与普通员工的人均薪酬比值来衡量薪酬差距。薪酬差距由两部分组成：企业主要负责人人均薪酬和普通员工人均薪酬。我们在计算企业主要负责人人均薪酬时，依次选取总经理、公司高级管理人员、董监高人员作为企业主要负责人，以确保结果的稳健性。在计算普通员工人均薪酬时，则参考杨青等（2018）的做法，利用现金流量表中"支付给职工以及为职工支付的现金"依次扣除上述主要负责人的薪酬总额，再除以员工人数。

再次，我们参考了巴尔斯迈尔等（Balsmeier et al.，2017）、余明桂等（2016）以及孔东民等（2017）的研究，从财务状况以及公司治理等角度选取控制变量，具体定义如表 4 - 1 所示。控制变量的数据均来自国泰安数据库（CSMAR）。除总资产外，其他控制变量均除以总资产并滞后一期。

最后，我们在机制分析中将采用公司研发支出占总资产比重、投资占总资产比重、风险承担程度以及高管更替等变量，以进一步分析薪酬制度改革将通过哪些渠道影响企业的创新产出。其中，我们参考了约翰等（John et al.，2008）、余明桂等（2013）以及何瑛等（2019）的做法，采用盈余波动性来衡量企业的风险承担水平。具体而言，我们将第 t 年的企业风险承担定义为以下滚动标准差：

$$\text{RiskT}_{it} = \sqrt{\frac{1}{T-1} \sum_{j=0}^{T} \left(\text{Adj\_ROA}_{i,t+j} - \frac{1}{T} \sum_{j=0}^{T} \text{Adj\_ROA}_{i,t+j} \right)^2} \Bigg|_{T=3} \qquad (4-1)$$

式（4 - 1）中，Adj_ROA 是经两位码行业调整后的 ROA，即：

$$\text{Adj\_ROA}_{it} = \frac{\text{EBITDA}_{it}}{\text{Asset}_{it}} - \frac{1}{N_i} \sum_{k=1}^{N_i} \frac{\text{EBITDA}_{kt}}{\text{Asset}_{kt}} \qquad (4-2)$$

其中，N_i 是公司 i 所在行业的公司总数，Asset_{it} 是企业 i 在 t 年度的总资产。

表 4 - 2 中报告了上述主要变量的描述性统计。首先，我们发现样本中的上市公司平均每年的申请 54 件专利，最小值 0 件，中位数 13 件，最大值 1 020 件，而且标准差高达 137.21。由此可见，专利申请分布存在显著右偏特征，因此，我们需要采用"加一取对数"的方式以缓解右偏带来的干扰（余明桂等，2016）。其次，在参与回归的样本中，我国上市公司专利的经济价值平均占总资产的 3.48%。最后，和现有文献一致的是，我们发现中国上市公司的研发支出占比约为 2.5%，远低于美国 17% 的研发支出占比（Brown et al.，

2009）。相比之下，上市公司的投资占比约为 5.4%，该数值与杨海生等（2020）的样本报告的均值大致相同。这在一定程度上说明上市公司的固定资产投资在投资决策中相对重要。此外，企业风险承担程度约为 5.14%，低于余明桂等（2013）的均值 11.16%，与何瑛等（2019）的均值 4.03% 相似。在样本期内，我们还发现有 18.7% 的样本发生了高管更替。

表 4-2　　　　　　　　　　　　描述性统计

变量名	均值	标准差	最小值	最大值	观测值
发明专利申请数量	1.7199	1.5390	0	6.0403	19 516
专利经济价值	0.0348	0.0564	0.0000	0.1348	19 148
高管—员工差距	5.2457	3.9413	0.6895	24.5500	19 500
前三高管—员工差距	6.7301	5.5026	0.8376	34.6629	19 436
总经理—员工差距	7.8334	7.2052	0.5313	45.5577	17 568
董监高—员工差距	7.9852	5.8273	1.1788	35.8499	19 458
规模	8.1486	1.2600	5.8086	12.0506	19 516
杠杆率	0.4179	0.2115	0.0462	0.8722	19 516
资产收益率（ROA）	0.0472	0.0497	-0.1073	0.2136	19 516
成长性	2.1548	1.3825	0.8951	8.9476	19 516
董事会规模	2.3011	0.2382	1.6094	2.8904	19 516
机构投资者持股	0.2999	0.2352	0.0002	0.8236	19 516
两职合一	0.2700	0.4440	0	1	19 516
高管任职	1.2575	0.6651	0	2.6210	19 516
公司研发占比	0.0253	0.0229	0.0001	0.1333	14 908
公司投资占比	0.0540	0.0531	0.0002	0.2634	19 506
风险承担程度	0.0514	0.0810	0.0018	0.5269	19 489
高管更替	0.1869	0.3899	0.0000	1.0000	19 516
是否国有企业	0.3759	0.4844	0	1	19 516

4.3.2　专利质量的度量

本章用于衡量创新产出质量的指标与现有文献不同。现有文献大多采用企业研发支出（卢锐，2014；Brown et al.，2009）、专利申请数量（余明桂等，2016；Guo et al.，2019）来衡量企业创新产出。然而，上述两个指标衡量的都是企业创新投入或者产出的数量，无法很好地衡量企业创新产出的质量。在此基础上，部分学者选择使用专利引用数作为创新产出质量的代理指标（Acharya & Xu，2017；Amore et al.，2013；Balsmeier et al.，2017；Fang et al.，2014）。专利引用可以衡量该专利的科学价值，但是不一定能够体现专利的经济价值（Kogan et al.，2017），而后者相对于企业而言更加重要。与此同时，被引用专利通常是已授权专利，以此为基础的实证研究大多反映了"成功"的技术创新。但是，正如霍尔姆斯特伦（Holmstrom，1989）和曼索（Manso，2011）所指出的，"失败"的技术创新并不必然意味着企业创新能力低下，而可能是企业选择高风险的探索型创新（explorative innovation）过程中必须承担的试错成本。为了更全面地衡量企业的创新质量，本章在专利被引数之外，还采用了本书第 3 章的广义 KPSS 模型所估算的专利经济价值衡量创新质量。

4.4　实证结果

4.4.1　双重差分模型

以《方案》作为薪酬差距的外生冲击，构建双重差分模型。计量设定如下：

$$y_{i,t+1} = \alpha_0 + \alpha_1 SOE_{it} + \beta SOE_{it} \times POST_t + \gamma Ctrl_{it} + \lambda_i + \tau_t + \varepsilon_{it}$$

$$(4-3)$$

其中，$y_{i,t+1}$是公司 i 在 t+1 年的薪酬差距与技术创新质量，后者包括上市公司申请的发明专利数量及专利经济价值。SOE_{it}表示公司 i 在第 t 年是否为国企[①]。$POST_t$是虚拟变量，如果在 2015 年及之后则取 1，否则取 0。此外，$Ctrl_{it}$是控制变量，λ_i是公司固定效应，τ_t是年份固定效应，ε_{it}为随机扰动

---

① 我们发现样本期内共 116 家公司所有权性质发生了变化，即 SOE 是时变的。为此，在实证模型中我们除了控制企业固定效应外，还控制了 SOE 变量。在稳健性检验中，我们还尝试剔除这116 家发生变化的公司。

项。和民企相比，如果国企薪酬差距的降低能够促进企业创新产出，那么我们应当观察到 β 显著为正，否则 β 应当为负值。根据彼特森（Petersen，2009）的建议，我们采用公司层面的聚类标准误。

首先，表4－3报告了以薪酬差距为被解释变量的实证模型（4－3）回归结果。从第（1）列至第（4）列，我们发现，无论采用何种薪酬差距的定义，交乘项系数都在1%水平下显著为负，该结果和杨青等（2018）的发现相一致。表4－3的经济学含义是，在实施薪酬改革后，国有企业的薪酬差距相比于民企而言明显缩小。根据不同的企业负责人定义，薪酬改革能减少0.33～0.61倍不等。由此来看，我国国有企业的薪酬改革是具有明显效果的，它有效地扭转了国有企业负责人与职工收入差距扩大的趋势。

表4－3　　　　双重差分模型回归结果（被解释变量为薪酬差距）

变量	（1）	（2）	（3）	（4）
	高管/员工	前三高管/员工	总经理/员工	董监高/员工
交乘项	－ 0.3279 *** （ － 3.23）	－ 0.3835 *** （ － 2.77）	－ 0.6087 *** （ － 3.06）	－ 0.4139 *** （ － 2.77）
国有企业	－ 0.2722 （ － 0.73）	－ 0.4946 （ － 0.91）	－ 0.7768 （ － 1.05）	－ 0.5039 （ － 1.05）
规模	0.5213 *** （4.31）	0.8606 *** （5.30）	0.4887 *** （2.74）	0.8164 *** （4.57）
杠杆率	0.1841 （0.72）	0.1076 （0.31）	0.4392 （0.91）	0.3452 （0.88）
资产收益率	8.4446 *** （10.50）	10.4503 *** （9.28）	12.3022 *** （8.66）	11.3604 *** （9.82）
成长性	0.1183 *** （3.52）	0.1760 *** （3.99）	0.1861 *** （3.65）	0.1713 *** （3.65）
董事会规模	0.1275 （1.04）	0.152 （0.91）	－ 0.194 （ － 0.79）	0.2193 （1.24）
机构持股	－ 0.5292 *** （ － 3.25）	－ 0.8627 *** （ － 3.79）	－ 0.7365 ** （ － 2.33）	－ 0.5234 ** （ － 2.23）

续表

变量	（1）	（2）	（3）	（4）
	高管/员工	前三高管/员工	总经理/员工	董监高/员工
二职合一	0. 1479 * （1. 69）	0. 2873 ** （2. 44）	0. 3044 * （1. 74）	− 0. 3208 ** （ − 2. 44）
高管任期	− 0. 1324 *** （ − 3. 52）	− 0. 1383 *** （ − 2. 65）	− 0. 3775 *** （ − 4. 89）	− 0. 2514 *** （ − 4. 40）
公司固定效应	是	是	是	是
年份固定效应	是	是	是	是
样本总数	19 062	18 995	17 111	19 018
调整 R^2	0. 7280	0. 7362	0. 7010	0. 7179
组内 R^2	0. 0341	0. 0328	0. 0202	0. 0310

注：括号内为基于公司层面的聚类标准误计算的 t 统计量（Petersen，2009），符号 *** 、** 和 * 分别表示估计系数在 1% 、5% 和 10% 水平下显著。

其次，考察上述薪酬改革将如何影响企业的创新产出。以创新产出为被解释变量的实证结果如表 4 - 4 所示。在表 4 - 4 第（1）列和第（2）列中，我们考虑了不添加控制变量的情形。可以看到，根据第（1）列交乘项（$SOE_{it} \times POST_t$）的系数，我们发现，薪酬差距的减少会促进国有企业的发明专利申请数量，但是系数并不显著。而根据第（2）列交乘项的系数，我们发现薪酬差距的减少会显著降低申请专利的经济价值。值得指出的是，第（2）列的系数估计值表明，在实施薪酬改革后，国有企业的专利价值占比相比民营企业而言下降了约 1.48%。如果我们考虑一家典型企业，其总资产为 154 亿元，申请的专利数为 54 件，那么，在薪酬改革后，平均每件专利价值将下降 422 万元。由此可见，薪酬改革造成的经济后果相对较大。接下来，我们在第（3）列和第（4）列中引入控制变量，定性结果和前两列一致，但是交乘项的系数都在 1% 水平下显著。类似地，根据第（4）列的回归结果，我们发现在实施薪酬改革后，相比民营企业而言，国有企业的专利价值占比下降了约 1.49%。综上所述，基准 DiD 模型结果表明，企业内部薪酬差距的减少并没有增加发明专利申请的数量，同时显著地降低了专利经济价值。

表4-4　　　　　双重差分模型回归结果（被解释变量为创新产出）

变量	（1）	（2）	（3）	（4）
	发明专利数	专利经济价值	发明专利数	专利经济价值
交乘项	-0.0356	-0.0148 ***	0.0238	-0.0149 ***
	（-1.13）	（-9.90）	（0.77）	（-9.87）
国有企业	0.2304 ***	-0.0002	0.1593 **	0.0011
	（2.98）	（-0.04）	（2.11）	（0.22）
规模			0.2254 ***	-0.0032 **
			（7.48）	（-2.25）
杠杆率			0.2149 **	-0.0018
			（2.28）	（-0.39）
资产收益率			0.6722 ***	-0.0038
			（3.34）	（-0.35）
成长性			0.0055	0.0015 ***
			（0.58）	（3.13）
董事会规模			0.0048	-0.003
			（0.13）	（-1.48）
机构持股			0.1229 **	-0.0053 **
			（2.43）	（-2.07）
二职合一			0.0630 **	-0.002
			（2.33）	（-1.45）
高管任期			0.0139	-0.0009
			（1.11）	（-1.42）
公司固定效应	是	是	是	是
年份固定效应	是	是	是	是
样本总数	19 076	18 817	19 076	18 817
调整 R^2	0.7945	0.5780	0.7975	0.5792
组内 R^2	0.0010	0.0104	0.0160	0.0138

　　注：括号内为基于公司层面的聚类标准误计算的 t 统计量（Petersen，2009），符号 *** 、** 分别表示估计系数在1% 、5%水平下显著。

4.4.2　稳健性检验

　　为了确保基准双重差分模型（DiD）的稳健性，我们进行了以下三类的稳健性检验。

第一类，更换子样本和被解释变量。第一，使用时变的 SOE 变量可能导致估计有偏。例如，国有上市公司可能会在薪酬改革前夕转变成民营企业，从而避免限薪令的影响。这可能导致企业内生选择处理组的情况，违背了个体处理稳定性假设（stable unit treatment value assumption，SUTVA）。为此，进一步限制在股权性质没有发生改变的子样本中。回归结果如表 4 - 5 所示。此时，第（1）列至第（4）列的交乘项系数符号均与表 4 - 4 一致，该结果也加强了基准回归的稳健性。从定量的角度来看，表 4 - 5 表明，含有内生选择的式（4 - 3）的模型可能会低估了薪酬改革对创新数量及质量的影响，因此，式（4 - 3）也可以视作估计真实效应的下界。

表 4 - 5　　　剔除产权性质发生改变的样本后双重差分模型回归结果

变量	（1）	（2）	（3）	（4）
	发明专利数	专利经济价值	发明专利数	专利经济价值
交乘项	- 0.0381 （ - 1.19）	- 0.0151 *** （ - 9.92）	0.0203 （0.65）	- 0.0154 *** （ - 9.95）
控制变量	否	否	是	是
公司固定效应	是	是	是	是
年份固定效应	是	是	是	是
样本总数	18 242	17 985	18 242	17 985
调整 R^2	0.7929	0.5742	0.7958	0.5755
组内 R^2	0.0002	0.0107	0.0146	0.0142

注：括号内为基于公司层面的聚类标准误计算的 t 统计量（Petersen，2009），符号 *** 表示估计系数在1%水平下显著。

第二，专利引用作为现有文献衡量企业创新质量的主要变量之一，它在某种程度上也反映了专利的技术价值。为此，我们参考现有文献的做法，利用企业当年申请的专利在未来获得的引用总数（Chang et al.，2015；Griffin et al.，2021），以及企业平均每件专利所获得的引用数（Chemmanur et al.，2014；Sunder et al.，2017）作为专利质量的替代性测度指标参与 DiD 模型的回归。

回归结果如表 4 - 6 所示。双重差分项除了第（4）列边际显著以外，无论是基于引用总数，还是基于每件专利的引用数，系数估计值基本不显著。由此可见，相对于民营企业而言，薪酬改革对于国有企业专利引用的影响有微弱的负面影响，但是在统计学上并不显著。上述结果与表4-4的实证结论类似，进一步强化了我们基准模型的稳健性。

表4-6 更换被解释变量后双重差分模型回归结果

变量	（1）引用总数	（2）每件专利引用	（3）引用总数	（4）每件专利引用
交乘项	-0.0067 （-0.14）	-0.0317 （-1.64）	0.0004 （0.01）	-0.0327* （-1.72）
国有企业	-0.1484 （-1.33）	-0.0698** （-2.00）	-0.1416 （-1.28）	-0.0649* （-1.89）
控制变量	否	否	是	是
公司固定效应	是	是	是	是
年份固定效应	是	是	是	是
样本总数	19 076	19 076	19 076	19 076
调整 R^2	0.6707	0.4513	0.6726	0.4528
组内 R^2	0.0003	0.001	0.0065	0.0043

注：括号内为基于公司层面的聚类标准误计算的 t 统计量（Petersen, 2009），符号 **、* 分别表示估计系数在5%、10% 水平下显著。

第二类，平行趋势检验。在经典 DiD 框架下，处理组和控制组必须满足平行趋势假设。这要求在薪酬改革之前，国有企业和民营企业的薪酬差距、创新产出等因素具有相同的变化趋势。为此，参照巴尔斯迈尔等（Balsmeier et al., 2017）的做法，检验在薪酬改革之前上述因素是否在不同股权性质的企业之间无差异。我们控制了 2012~2018 年每个年份的虚拟变量（剔除首年以避免多重共线性影响），以及其与 SOE 的交乘项。最终的回归模型如下：

$$y_{i,t+1} = \alpha_0 + \sum_{j=-3}^{3} \beta_j SOE_{it} \times Time_j + \gamma Ctrl_{it} + \lambda_i + \tau_t + \varepsilon_{it} \qquad (4-4)$$

其中，$Time_j$ 是虚拟变量，当年份 t 减去 2015 等于 j 时取 1，否则取零。在式（4-4）中，我们关注的系数是 $\beta_j(j<0)$。当这些系数不显著时，则可以认为国有企业和民营企业在薪酬改革之前变化趋势是相同的。

平行趋势检验结果如表4-7所示。为了节省篇幅，我们省略了控制变量的结果，同时选用高管团队与员工人均薪酬差距作为例子。首先，在三列结果中，前三个交乘项都为并不显著，由此可见，无论是薪酬差距还是创新产出，国有企业和民营企业在薪酬改革前并没有任何统计上的差异。因此，这在一定程度上表明平行趋势假设得以满足。其次，在第（1）列中，我们进一步考虑2015年及以后的交乘项，可以发现，薪酬差距在《方案》实施当年显著下降后，随后逐渐上升。可以看到，2016年国有企业薪酬差距相比民营企业下降了0.83倍，而2018年该数值回到0.62倍。最后，我们发现，薪酬改革对企业创新产出数量的影响是存在时滞的。从第（2）列中我们发现，以发明专利申请衡量的创新产出在2018年才有所变化。然而我们进一步从第（3）列中发现，专利价值在薪酬改革实施当年就持续显著下降。此外，2017~2018年，虽然我们可以看到国有企业专利申请数量大幅增加，但是专利质量有所下降。由此可见，如果只考虑企业创新产出，将会导致我们乐观估计薪酬差距缩减所带来的影响。

表4-7　　　　　　　　　　　平行趋势检验

变量	（1）	（2）	（3）
	高管/员工差距	发明专利数	专利经济价值
交乘项（-3）	-0.0012 (-0.00)	-0.022 (-0.60)	-0.0029 (-1.45)
交乘项（-2）	-0.2400 (-0.80)	0.0055 (0.13)	-0.0006 (-0.29)
交乘项（-1）	-0.2066 (-0.69)	-0.0052 (-0.12)	-0.001 (-0.48)
交乘项（0 = 2015）	-0.7152** (-2.42)	-0.0807* (-1.74)	-0.0088*** (-4.01)
交乘项（+1）	-0.8336*** (-2.76)	-0.0496 (-1.00)	-0.0136*** (-5.76)
交乘项（+2）	-0.7442** (-2.35)	0.0829 (1.54)	-0.0194*** (-7.46)

变量	(1)	(2)	(3)
	高管/员工差距	发明专利数	专利经济价值
交乘项（+3）	-0.6242*	0.1443**	-0.0240***
	(-1.88)	(2.47)	(-8.28)
国有企业	-0.6793	0.1486*	0.0032
	(-1.25)	(1.84)	(0.64)
控制变量	是	是	是
公司固定效应	是	是	是
年份固定效应	是	是	是
样本总数	17 111	19 076	18 817
调整 R^2	0.7008	0.7979	0.5805
组内 R^2	0.0201	0.0184	0.0172

注：括号内为基于公司层面的聚类标准误计算的 t 统计量（Petersen, 2009），符号 ***、** 和 * 分别表示估计系数在 1%、5% 和 10% 水平下显著。

第三类，薪酬差距分组。从表 4-4 和表 4-7 中可以看到，薪酬改革显著缩小了国有企业的薪酬差距。由于现有文献表明薪酬差距会对企业创新产出存在影响，那么表 4-4 中的结果可能是因为我们没有控制薪酬差距而导致的。为了缓解这类担忧，我们采用三重差分法引入薪酬差距的影响。具体而言，我们先计算 2012 ~ 2014 年平均薪酬差距的中位数，再分别根据国有企业和民营企业中内部薪酬差距是否高于该中位数分为高和低两组，然后将分组的虚拟变量与双重差分项以及其他相关变量进行交互。

表 4-8 中报告了引入薪酬差距后的结果。为了节省篇幅，我们省略了其他交互项和控制变量的结果。其中，组 A 是以发明专利数量作为被解释变量，我们发现，薪酬差距的系数虽然为负，但并不显著。同时，组 B 则是以专利经济价值作为被解释变量，可以看到，在四个不同定义下的薪酬差距里，有三个指标的系数都至少在 5% 水平下显著。上述结果表明，在薪酬改革后，高薪酬差距国有企业的发明专利并没有增加，与此同时，专利经济价值有显著的下降。这和高薪酬差距组的企业受到薪酬改革影响更大的假设是一致的。

表 4 - 8　　　　　　　　控制薪酬差距后的三重差分模型回归结果

薪酬差距变量	（1）	（2）	（3）	（4）
	高管/员工	前三高管/员工	总经理/员工	董监高/员工
组 A：被解释变量为发明专利数量				
三重差分项	- 0. 0454 （ - 0. 73）	0. 0091 （0. 15）	- 0. 018 （ - 0. 29）	- 0. 0542 （ - 0. 87）
控制变量	是	是	是	是
公司固定效应	是	是	是	是
年份固定效应	是	是	是	是
样本总数	18 638	18 630	18 471	18 633
调整 R^2	0. 7987	0. 7987	0. 7991	0. 7987
组内 R^2	0. 0165	0. 0165	0. 0169	0. 0164
组 B：被解释变量为专利经济价值				
三重差分项	- 0. 0073 ** （ - 2. 46）	- 0. 0100 *** （ - 3. 36）	- 0. 0089 *** （ - 2. 99）	- 0. 0048 （ - 1. 60）
控制变量	是	是	是	是
公司固定效应	是	是	是	是
年份固定效应	是	是	是	是
样本总数	18 575	18 571	18 463	18 573
调整 R^2	0. 581	0. 581	0. 5807	0. 5808
组内 R^2	0. 0166	0. 0166	0. 0172	0. 0162

注：括号内为基于公司层面的聚类标准误计算的 t 统计量（Petersen，2009），符号 *** 、** 分别表示估计系数在 1%、5% 水平下显著。

4.4.3　薪酬改革的异质性影响

在前述 DiD 模型中，薪酬改革会显著降低国有企业的创新质量。然而，DiD 模型估计得到的是薪酬改革的平均处理效应。实际上，随着国有企业改革进入深水区，"一企一策"的问题导向型改革方案能够更好地解决共性和个性问题①。不可否认的是，薪酬改革在不同国有企业执行的力度不同，也

---

① 早在 2014 年国务院国有资产监督管理委员会就提出了国资国企改革将实行"一企一策"，参见 http：//www. sasac. gov. cn/n2588025/n2588139/c2820917/content. html。

会造成显著的异质性影响。与此同时，标准 DiD 模型往往隐含了国有企业和民营企业之间存在平行趋势的假定，而这种假定往往并不合理。

为了更好地识别这种冲击带来的异质性影响，我们采用合成双重差分法（Synthetic DiD，SDiD）解决上述问题。SDiD 由阿尔汉格尔斯基等（Arkhangelsky et al.，2021）提出，其原理是根据合成控制法（synthetic control method）由数据选取合适的权重（Abadie et al.，2010；Abadie & Cattaneo，2021），利用控制组企业"合成"一个处理组企业的配对企业，从而估计出薪酬改革对每个企业的异质性影响。和标准 DiD 模型不同的是，SDiD 并不需要平行趋势假设，而是假定"合成企业"与处理组企业之间满足平行趋势假定。

具体而言，首先，我们假设国有企业 i 受到了薪酬改革的冲击，则薪酬改革所引致的专利经济价值变化 $\hat{\tau}_i^{sdid}$ 可以表示为 $\hat{\tau}_i^{sdid} = y_i - \hat{y}_{it}^{sdid}$，其中，$\hat{y}_{it}^{sdid}$ 是利用 SDiD 方法得到的未受薪酬改革冲击的"合成企业"专利经济价值。因此，假定"合成企业"与处理组企业之间满足平行趋势假定，那么 $\hat{\tau}_i^{sdid}$ 就是我们所需要的异质处理效应。

其次，参考阿尔汉格尔斯基等（2021）的做法，假设民营企业有 N−1 家，样本时间长度为 T，我们最小化下列目标函数：

$$\min_{\tau,\alpha,\mu,\eta} \sum_{j=1}^{N} \sum_{h=1}^{T} (y_{jh} - \alpha - \mu_j - \eta_h - W_{jh}\tau)^2 \hat{\omega}_j^{sdid} \hat{\lambda}_h^{sdid} \qquad (4-5)$$

其中，α 是常数项，μ 是个体效应，η 是时间效应，W_{jh} 表示企业 j 在 h 时刻是否受到薪酬改革的冲击，$\hat{\omega}_j^{sdid}$ 和 $\hat{\lambda}_h^{sdid}$ 分别是个体维度和时间维度的权重。SDiD 结合了合成控制法的优势，基于数据驱动的方式得到 $\hat{\omega}_j^{sdid}$ 和 $\hat{\lambda}_h^{sdid}$。因此，通过求解上述目标函数的最小值，我们能够得到 SDiD 估计量 $\hat{\tau}_{it}^{sdid}$。值得指出的是，如果我们将其设为等权重，那么式（4−5）将退化成标准的 DiD 模型（即最小化最小二乘法的目标函数）：

$$\min_{\tau,\alpha,\mu,\eta} \frac{1}{NT} \sum_{j=1}^{N} \sum_{h=1}^{T} (y_{jh} - \alpha - \mu_j - \eta_h - W_{jh}\tau)^2 \qquad (4-6)$$

然后，我们在阿尔汉格尔斯基等（2021）的基础上，进一步引入了含控制变量的 SDiD，即将目标函数修改为：

$$\min_{\tau,\alpha,\mu,\eta,\beta} \sum_{j=1}^{N} \sum_{h=1}^{T} (y_{jh} - \alpha - \mu_j - \eta_h - W_{jh}\tau - X_{jh}\beta)^2 \hat{\omega}_j^{sdid} \hat{\lambda}_h^{sdid} \quad (4-7)$$

其中，X_{jh} 是式（4-3）中的控制变量，β 是相应变量的系数。最后，我们为每一家国企都构造一个"合成企业"，从而计算薪酬改革对这些国企的异质性冲击。换言之，我们利用 SDiD 计算了 905 家国有企业在薪酬改革冲击下的异质处理效应 $\hat{\tau}_i^{sdid}$。值得指出的是，第 i 个异质处理效应的经济解释是与"合成企业"相比，国有企业 i 在薪酬改革后专利经济价值的变化。

异质处理效应的描述性统计如表 4-9 所示。其一，我们报告了每个企业异质处理效应的均值，约为 -0.0118。该结果与我们在标准 DiD 框架下得到的 -0.0149 非常接近〔表 4-4 第（4）列〕。这验证了本章 DiD 模型的稳健性。其二，我们计算了异质处理效应的标准差，以及均值的 t 统计量。结果显示，均值 t 检验在 1% 的水平下拒绝了异质处理效应为零的原假设。其三，我们还报告了异质处理效应的分布情况。异质处理效应的中位数为 -0.0091，和均值大致接近。然而标准 DiD 估计结果落在 25% 分位数附近，说明企业之间的异质性较大，只考虑平均处理效应并不足以全面刻画薪酬改革造成的冲击。其四，我们发现部分企业的处理效应大于零。经过统计，我们发现有 180 家企业有正的处理效应，约占样本国有企业总数的 20%。这再次说明，薪酬政策冲击造成的影响"因企而异"，"一企一策"的国有企业改革思路是较为合理的做法。

表 4-9　　　　　　　　　　　薪酬改革的异质处理效应

均值	-0.0118
标准差	0.0356
均值 t 检验（H_0: $\tau = 0$）	-9.96 ***
1%	-0.1076
5%	-0.0763
10%	-0.0593
25%	-0.0166
50%	-0.0091
75%	-0.0049
90%	0.0270

95%	0.0504
99%	0.0860
样本量	905
其中：正效应数量	180

注：符号 *** 表示估计系数在1%水平下显著。

接下来，我们进一步研究什么因素能够解释这种异质性处理效应。为此，我们在原有控制变量的基础上，考虑下列四个企业层面的重要因素：是否为央企、企业员工总数、企业人均研发支出以及企业所在行业的市场份额。具体而言，我们计算每一个国有企业相应变量在薪酬改革之间的平均值（即 2011~2014 年），然后将上述异质处理效应对这些因素加以回归。回归结果如表 4-10 所示。

表 4-10 异质处理效应的决定因素

变量	（1）	（2）	（3）	（4）	（5）
是否央企	0.0039 * (1.86)				0.0043 ** (2.10)
员工人数对数		0.2778 (1.28)			0.5074 ** (2.62)
人均研发支出			0.2682 *** (3.49)		0.2910 *** (3.92)
市场份额				-0.1123 ** (-2.38)	-0.1422 *** (-3.18)
控制变量	是	是	是	是	是
行业固定效应	是	是	是	是	是
样本总数	905	905	905	905	905
调整 R^2	0.0756	0.0749	0.0822	0.0791	0.092
组内 R^2	0.0161	0.0152	0.023	0.0197	0.037

注：括号内为基于公司层面的聚类标准误计算的 t 统计量（Petersen，2009），符号 *** 、 ** 和 * 分别表示估计系数在1% 、5% 和10% 水平下显著。

首先，表 4-10 各列的控制变量结果表明，除了董事会规模以外，几乎所有控制变量均不显著。上述结果符合我们的预期。一方面，本章所使用的

SDiD 已经囊括了基准 DiD 模型中的控制变量。另一方面，董事会规模作为公司治理的主要代理变量（鲁桐和党印，2014；Balsmeier et al.，2017；Griffin et al.，2021），反映了董事会监督在薪酬激励下降之后的替代性作用（Holmstrom，1989）。因此，当国有企业的公司治理更完善，薪酬改革对该国企的正面处理效应会更强。其次，表 4 - 10 的第（1）列表明，和地方国有企业相比，薪酬改革对央企的正面处理效应会更强。这说明央企在落实国家创新驱动发展战略的过程中受到薪酬改革的影响可能相对较少。这也符合央企在国民经济中的支柱性地位，带头履行好政治责任、社会责任（黄丹华，2015）。

薪酬改革降低了国有企业的薪酬差距，对员工可能有两个方面的影响。一方面，由于内部薪酬差距减少，对员工的锦标赛激励也有所下降（孔东民等，2017）。尤其是在员工人数较多的大企业中，"搭便车"效应会降低员工的创新热情。另一方面，员工的公平感有所上升，更愿意积极工作（黎文靖和胡玉明，2012）。如果员工在创新活动中占重要地位，那么我们预期见到显著的正面处理效应。为此，我们参考常鑫等（Chang et al.，2015）的做法，利用员工人数来衡量可能的"搭便车效应"，同时利用人均研发支出来衡量员工在创新过程中的重要程度。表 4 - 10 的第（2）列和第（3）列表明，员工人数的大小似乎没有带来显著影响，而员工在创新中的重要性越大，薪酬改革的正面处理效应越强。由此可见，薪酬改革在员工方面带来了公平感，从而一定程度上抵消了薪酬改革对企业创新质量的负面影响。

企业在行业中的地位也可能影响薪酬改革的处理效应。由于行业固定效应已被控制，因此我们计算了企业销售额占行业销售总额的比重来衡量企业的市场份额。市场份额越高，说明企业的垄断程度相对更高。表 4 - 10 的第（4）列表明，市场份额越高，薪酬改革的负面处理效应越强。这和杨青等（2018）的结果有所差异。杨青等（2018）发现，薪酬改革在竞争性行业中对企业市值产生较强的干预作用，而在垄断性行业中并没有产生相应的影响。然而从企业创新的角度来看，缩小垄断性企业过高的内部薪酬差距可能导致经理人改变研发策略，通过其他途径来攫取更多的私人利益。因此，促进市场竞争，打击过度垄断在一定程度上有助于强化薪酬改革的正面处理效应，提升企业的创新质量。

最后，将上述因素同时放入回归中，回归结果如表 4 - 10 第（5）列所示。和前面四列相似的，大部分变量的系数符号及其显著性均没有发生大幅的变化，除了员工人数的回归系数变得更大，同时更为显著。综上所述，我们认为，薪酬改革能够对国有企业创新产生较强的异质影响。与此同时，我们发现，薪酬改革在央企、董事会规模更大、员工创新更重要、竞争更激烈的企业中正面效应更为突出。

4.5　进一步分析

4.5.1　机制分析

本小节进一步研究上述结果的背后机制。根据文献综述的梳理，我们认为，限薪令将导致高管变得更加短视、不愿承担风险，同时也增加了高管离职的可能。

首先，如果经理人变得更加短视，那么经理人可能增加短期的固定资产投资活动在投资决策中的比重。为此，我们将式（4-3）中被解释变量替换为研发投资占比和固定资产投资占比，相应的回归结果在表4-11的第（1）列和第（2）列。我们发现，以研发投资占比为解释变量的回归模型中，交乘项的系数并不显著，且估计系数较小。这说明在薪酬改革后，相比民营企业而言，国有企业无论在统计学意义上，还是在经济学意义上，研发投资都没有发生显著变化。当我们考虑固定资产投资时，交乘项的系数为0.0048，且在1%水平下显著。这说明在薪酬改革后，相比民营企业而言，国有企业的固定资产投资占比上升了。综合而言，在薪酬改革后，国有企业研发投资在整个公司决策中所占权重有所下降，从侧面验证了经理人变得短视。

表4-11　　　　　　　　　　机制分析回归结果

变量	（1）	（2）	（3）	（4）	（5）
	研发支出	投资支出	风险承担	高管更替	高管更替
估计方法	DiD	DiD	DiD	DiD	CiC
交乘项	-0.0000	0.0048 ***	-0.0221 ***	0.0498 ***	0.0391 ***
	（-0.01）	（2.79）	（-7.29）	（3.74）	（3.51）

变量	（1）	（2）	（3）	（4）	（5）
	研发支出	投资支出	风险承担	高管更替	高管更替
国有企业	0.0006	− 0.0099 **	0.0023	− 0.0462	0.0044
	(0.36)	(− 2.11)	(0.23)	(− 1.29)	(0.21)
控制变量	是	是	是	是	是
公司固定效应	是	是	是	是	是
年份固定效应	是	是	是	是	是
样本总数	14 377	19 065	19 045	19 076	19 516
调整 R^2	0.7966	0.491	0.4371	0.1081	—
组内 R^2	0.1014	0.0401	0.0336	0.0802	—

注：第（5）列括号里的数字为 Bootstrap 标准误下的 z 统计值，重复抽样次数为100 次（Athey & Imbens，2006）。括号内为基于公司层面的聚类标准误计算的 t 统计量（Petersen，2009），符号 *** 、** 分别表示估计系数在1%、5%水平下显著。

其次，如果经理人变得不愿承担风险，那么公司的风险承担程度也将相对下降。为此，我们在表4－11 的第（3）列报告了以企业风险承担程度作为被解释变量的回归结果。我们发现，交乘项的系数为 − 0.0221，且在1%水平下显著。这说明，在薪酬改革后，相比民营企业而言，国有企业的风险承担程度下降了2.2%。因此，公司在追求利润时更偏向于保守，此时，高质量的研发项目由于风险更大，更容易被公司搁置，导致专利的质量下降。

最后，如果外部期权更有吸引力，则经理人将选择离开公司，转向薪酬更高的行业和企业。为此，我们在表4－11 的第（4）列和第（5）列报告了以高管更替为被解释变量的回归结果。[①] 我们发现，在 DiD 模型下，交乘项系数估计值约为0.05，且在1%的水平下显著。这说明在薪酬改革后，相比民营企业而言，国有企业的高管变更的概率上升了5%。考虑到样本期内高管变更均值为18.69%，薪酬改革带来的高管更替的效应相对较强。与之相似的是，在 CiC 模型下，交乘项系数估计值为0.0391，同时也在1%水平下显著。上述结果表明，国有企业在薪酬改革后人事变动也比较频繁，可能导

---

① 值得指出的是，双重差分模型是线性模型，而高管更替概率可能存在非线性关系。为此，我们采取双重变化模型（change-in-change，CiC）来考虑背后可能的非线性关系。更严谨地说，一般我们会采用 Probit/Logit 模型来刻画这种非线性关系。然而基于 Probit 的双重差分项系数并不直观，因此，我们选用了对非线性关系更稳健的 CiC 模型。

致公司研发政策出现不连续的现象，降低了专利的质量。

综上所述，我们发现，在薪酬改革后国有企业的研发投资相对权重和风险承担程度都有所下降，同时高管更替的概率也会上升。这些和创新产出的质量在下降的结论保持一致。由此可见，国有企业可能转向了质量较低但风险也较低的研发项目，以满足各级国资委制定的业绩考核任务。

4.5.2 排除混淆政策的影响

上述结果还可能受到混淆政策的影响。由于 2015 年前后出现众多与国有企业有关的各项改革，本节将借助以下两种方法来检验上述混淆政策的影响。

其一，我们考虑一个渐进 DiD 模型。具体而言，在《方案》实施后，各省、直辖市也纷纷出台相应的省属国有企业负责人薪酬制度改革实施方案（以下简称"省级《方案》"）。至 2015 年底，大部分省份的配套方案均已出台。随后地级市市属国企负责人的薪酬改革也先后展开（以下简称"市级《方案》"）。我们手工收集了省级《方案》和市级《方案》的实施时间，图 4 - 1 展示了本章所收集的市级《方案》出台年份。我们发现，上述省市级《方案》并没有统一的出台时间。根据收集到的数据来看，大部分市级《方案》在 2016 年左右出台。因此，我们根据图 4 - 1 中的结果，选择市级《方案》出台时间作为渐进 DiD 模型的政策实施时间节点。由于各市级《方案》出台时间均不一致，我们认为渐进 DiD 模型的结果不大可能受到 2015 年前后混淆事件的系统性干扰。

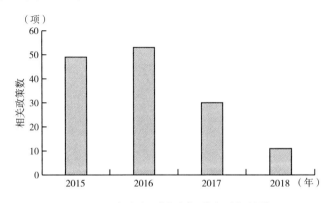

图 4 - 1 各市级《方案》发布时间统计

我们在表4-12中报告了渐进双重差分模型的结果。第（1）列和第（2）列的回归结果显示，在实施薪酬改革后，国有企业的发明专利数量并没有显著上升，但是专利经济价值有明显的下降。上述结果和标准双重差分法的结果保持一致。第（3）列和第（4）列中，我们仿照前面的三重差分模型，进一步控制了薪酬差距的高和低，以反映改革前薪酬差距的影响。我们发现，回归结果依旧保持稳健，同时高薪酬差距组的国有企业在薪酬改革后所申请的专利经济价值比民营企业更低，降低幅度约为总资产的0.53%。综上所述，表4-12表明，混淆政策并没有显著影响本章的定性结论。

表4-12　　　　　　　　　渐进双重差分模型回归结果

变量	（1）	（2）	（3）	（4）
	发明专利数	专利经济价值	发明专利数	专利经济价值
双重差分项	0.0356 (1.57)	-0.0140 *** (-11.83)	0.0644 (1.48)	-0.0117 *** (-5.39)
三重差分项			-0.0469 (-0.78)	-0.0053 * (-1.84)
国有企业	0.1537 *** (2.67)	0.0004 (0.12)	0.0420 (0.40)	0.0132 * (1.77)
控制变量	是	是	是	是
其他交叉项	否	否	是	是
公司固定效应	是	是	是	是
年份固定效应	是	是	是	是
样本总数	19 076	18 630	18 638	18 575
调整 R^2	0.8118	0.5162	0.7988	0.5804
组内 R^2	0.0126	0.0528	0.0168	0.0153

注：括号内为基于公司层面的聚类标准误计算的t统计量（Petersen，2009），符号 *** 、 * 分别表示估计系数在1%、10%水平下显著。

其二，我们将直接检验混淆政策是否会影响企业的创新产出。具体而言，我们借助三重差分法的框架，在"国有企业—时间"项的基础上，进一步引入代理变量作为混淆政策的代理变量，从而检验这些政策是否能解释本章的结果。根据政策梳理，我们识别出以下三个与本章样本期高度重叠的相关政策。

首先是"供给侧改革"五大任务中的"去杠杆"和"去产能"。2015年底召开的中央经济工作会议中提出"三去一降一补"的五大重要工作。其中一项重要措施就是降低社会杠杆率、淘汰落后产能（谭语嫣等，2017）。因此，我们根据薪酬改革前上市公司杠杆率的高低，同时根据现有文献的通行做法计算上市公司是否属于僵尸企业（刘莉亚等，2019；谭语嫣等，2017；Fukuda & Nakamura，2011）将上市公司分为两组。

其次是"反腐"行动的影响。我国在 2012 年开始发起了全国范围的反腐倡廉活动，在反腐过程中，部分上市公司的政治关联受到一定程度的影响（颉茂华等，2021），从而影响企业的创新产出。为了刻画这种影响，我们收集了各省份每十万人查处县处级及以上官员人数作为反腐力度的代理变量（张军等，2007；Xu & Yano，2017），同时我们还参考了党力等（2015）的做法，收集了上市公司中存在政治关联的"董监高"人数，从而构造了上市公司政治关联的代理变量。然后，我们根据各省份查处县处级干部人数占比，以及"董监高"中具有政治关联的人数占比分别将上市公司划分为高和低两组。

最后是"混改"政策的影响。我国在 2015 年起在各级国有企业中分批实施混合所有制改革，到 2017 年涌现了大量的"混改企业"（蔡贵龙等，2018）。在改革过程中，非国有资本参与国有企业的公司治理中，将对高管的薪酬和决策行为均产生影响。为此，我们参考蔡贵龙等（2018）的做法，手工收集了前十大股东性质与委派董事的数据，从而衡量上市国有企业中的混合所有制改革的情况。我们根据前十大股东中非国有股权占比，以及董事会中非国有股东委派的董事人数占比，分别将上市公司划分为高和低两组。值得注意的是，只有国有企业子样本存在"混改"情况，因此，我们只考虑国有企业中混改力度是否对企业创新有异质影响。

我们在表 4－13 中报告了企业创新产出对上述三种混淆政策的回归结果。出于篇幅考虑，我们省略了控制变量和其他交叉项的估计结果。在组 A 中，我们以发明专利数量作为被解释变量，可以看到，含有上述各代理变量的交乘项均不显著。上述结果表明，混淆政策影响更大的企业与其他企业之间在发明专利申请上并没有统计上的区别。在组 B 中，我们以专利的经济价值作为被解释变量。和组 A 一样，我们发现，交乘项也不显著。这和表 4－8 结合来看，我们并没有发现上述混淆政策会造成显著影响的证据。因此，我们认为，薪酬差距的缩小可能是导致上市公司专利经济价值下降的主要原因。

表 4 – 13 　　　　　　　　　　　其他替代性假说检验

	(1)	(2)	(3)	(4)	(5)	(6)
组 A：被解释变量为发明专利数						
代理变量	杠杆率	僵尸企业	反腐力度	政治关联	非国有股权占比	非国有董事占比
交乘项	0.0746 (1.16)	0.2002 (1.58)	−0.0081 (−0.11)	−0.0506 (−0.76)	−0.3658 (−1.09)	−0.0187 (−0.34)
控制变量	是	是	是	是	是	是
其他交叉项	是	是	是	是	是	是
公司固定效应	是	是	是	是	是	是
年份固定效应	是	是	是	是	是	是
样本总数	19 076	19 076	19 076	19 076	7 273	7 273
调整 R^2	0.7974	0.7975	0.7974	0.7974	0.8613	0.8613
组内 R^2	0.016	0.0163	0.016	0.0162	0.0172	0.0174
组 B：被解释变量为专利经济价值						
代理变量	杠杆率	僵尸企业	反腐力度	政治关联	非国有股权占比	非国有董事占比
交乘项	0.0044 (1.29)	0.0052 (0.86)	0.0023 (0.65)	−0.0036 (−1.11)	0.0063 (0.41)	0.0033 (1.11)
控制变量	是	是	是	是	是	是
其他交叉项	是	是	是	是	是	是
公司固定效应	是	是	是	是	是	是
年份固定效应	是	是	是	是	是	是
样本总数	18 817	18 817	18 817	18 817	7 220	7 220
调整 R^2	0.5798	0.5793	0.5792	0.5794	0.6396	0.6399
组内 R^2	0.0154	0.0142	0.0141	0.0145	0.0066	0.0075

资料来源：笔者整理。

4.6　结论与政策启示

　　本章借助国有企业薪酬改革的外生冲击事件，基于上市公司样本检验了薪酬差距将如何影响企业的创新产出数量和质量。首先，基于双重差分模型的回归结果，我们发现，相比民营企业而言，国有企业在薪酬改革之后创新产出数量有显著的提升，但是质量却有所下滑。相比民营企业而言，国有企业的专利经济价值下降了总资产的约 1.48%。其次，通过各种稳健性检验，我们认为，这一结果并不受到处理组定义、遗漏变量以及混淆政策等影响。最后，机制分析表明，薪酬改革会改变企业经理人的薪酬敏感性以及薪酬水平，从而使得经理人更倾向于固定资产投资、更不愿承担风险，同时也更倾向于离任。这些都会对需要长期且稳定的投入、更有风险的创新活动产生负面的影响，进而导致创新质量的下降。

然而，和现有研究不同的是，本章利用合成双重差分模型估计了薪酬改革带来的异质性影响。平均而言，薪酬改革导致国有企业的专利经济价值下降了总资产 1.18%，与标准 DiD 模型一致。但是薪酬改革后，约 20% 的国有企业中专利的经济价值有所提升，最高提升幅度可达总资产的 12.41%。进一步检验表明，这种正面的处理效应在央企、董事会规模更大、员工创新更重要、竞争更激烈的企业中更加突出。本章的研究结论拓展了现有文献关于薪酬差距与公司创新活动之间关系的认识，同时对于政策制定者而言也具有一定的参考价值。

本 章 附 录

本章在稳健性检验中，考察了各地级市在 2015 年之后发布的市属国企负责人的薪酬改革方案（以下简称"市级《方案》"）。笔者基于网络搜索，依次从当地政府官网、当地官方媒体、当地官方新闻网、当地其他媒体、其他网页的顺序，整理了相关的市级《方案》。

附表 4－1　各地级市 2015 年之后发布的市属国企负责人的薪酬改革方案

城市	发布日期	文件名称或新闻报道标题
阿克苏地区	2017 年 6 月 27 日	关于印发《自治区国资委监管企业负责人薪酬管理暂行办法》的通知
阿拉善盟	2018 年 11 月 16 日	阿拉善盟行政公署办公室关于印发《阿拉善盟直属国有企业负责人经营业绩考核办法及实施细则》的通知
安庆市	2016 年 8 月 5 日	市财政局认真做好国企负责人薪酬改革调研工作
安顺市	2015 年 11 月 21 日	安顺市政府办关于成立安顺市深化国有企业负责人薪酬制度改革工作领导小组的通知
鞍山市	2017 年 6 月 21 日	鞍山市市属国有企业负责人薪酬制度改革工作全面启动
巴音郭楞蒙古自治州	2017 年 11 月 28 日	关于进一步加强和规范州管国有企业监督管理工作的意见
白银市	2015 年 3 月 4 日	2015 年白银市人力资源和社会保障工作要点
蚌埠市	2016 年 2 月 18 日	蚌埠市人民政府办公室关于成立蚌埠市深化国有企业负责人薪酬制度改革工作领导小组的通知
包头市	2015 年 4 月 14 日	包头市人民政府办公厅关于成立包头市深化国有企业负责人薪酬制度改革工作领导小组（核算委员会）的通知
宝鸡市	2016 年 3 月 30 日	宝鸡市人民政府办公室关于成立市深化国有企业负责人薪酬制度改革工作领导小组的通知
保定市	2016 年 5 月 6 日	关于深化国资国企改革的实施意见
北海市	2016 年 5 月 31 日	北海市人民政府办公室关于成立北海市深化国有企业负责人薪酬制度改革工作领导小组的通知

城市	发布日期	文件名称或新闻报道标题
北京市	2015 年 12 月 21 日	北京市东城区人民政府办公室关于成立东城区深化国有企业负责人薪酬制度改革工作领导小组的通知
滨州市	2016 年 1 月 1 日	滨州市市管企业负责人薪酬制度改革实施方案
亳州市	2016 年 8 月 24 日	亳州市深化市属国有企业负责人薪酬制度改革实施方案
博尔塔拉蒙古自治州	2018 年 9 月 20 日	关于规范性文件清理结果的通知
沧州市	2017 年 10 月 10 日	关于深化市属国有企业负责人薪酬制度改革的实施意见
常德市	2017 年 6 月 2 日	常德部署市管国企负责人薪酬改革工作
常州市	2016 年 12 月 23 日	深化市属企业负责人薪酬制度改革实施意见
朝阳市		朝阳市深化市属国有企业负责人薪酬制度改革的意见
郴州市	2017 年 3 月 10 日	深化市管国有企业负责人薪酬制度改革实施方案
成都市	2015 年 5 月 20 日	成都市人民政府办公厅关于成立成都市深化国有企业负责人薪酬制度改革工作领导小组的通知
承德市	2017 年 9 月 8 日	中共承德市委承德市人民政府关于深化市属国有企业负责人薪酬制度改革的实施意见
池州市	2016 年 1 月 29 日	池州市人民政府办公室关于成立池州市深化国有企业负责人薪酬制度改革工作领导小组的通知
赤峰市	2015 年 2 月 3 日	赤峰市人民政府办公厅关于成立赤峰市深化国有企业负责人薪酬制度改革工作领导小组（核算委员会）的通知
滁州市	2016 年 5 月 5 日	深化市属国有企业负责人薪酬制度改革的实施方案
大连市	2017 年 1 月 1 日	大连市深化市属国有企业负责人薪酬制度改革的意见
大庆市	2012 年 11 月 20 日	大庆市人民政府办公室印发关于国有企业负责人经营业绩考核办法的通知
德州市	2016 年 7 月 8 日	德州国企负责人薪酬制度改革工作会召开
东营市	2016 年 4 月 11 日	东营市市管企业负责人薪酬制度改革实施方案
鄂尔多斯市	2015 年 3 月 17 日	鄂尔多斯市人民政府办公厅关于成立深化国有企业负责人薪酬制度改革工作领导小组的通知
佛山市	2015 年 9 月 16 日	佛山市人民政府办公室关于成立佛山市深化国有企业负责人酬薪制度改革工作领导小组的通知

城市	发布日期	文件名称或新闻报道标题
福州市	2017 年 12 月 26 日	关于深化市委管理企业负责人薪酬制度改革的意见
阜阳市	2016 年 11 月 30 日	关于成立阜阳市深化国有企业负责人薪酬制度改革工作领导小组的通知
赣州市	2016 年 12 月 2 日	赣州市属国有企业负责人履职待遇业务支出管理实施意见
广安市	2016 年 10 月 9 日	广安市关于深化市属国有企业负责人薪酬制度改革的实施办法
广州市	2018 年 11 月 21 日	广州市国企负责人薪酬制度改革方案
贵阳市	2015 年 8 月 26 日	贵阳市深化国有企业负责人薪酬制度改革工作方案
桂林市	2015 年 5 月 18 日	桂林市人民政府办公室关于成立市深化国有企业负责人薪酬制度改革工作领导小组的通知
哈尔滨市	2017 年 1 月 17 日	哈尔滨市人民政府国有资产监督管理委员会关于印发哈尔滨市国资委出资企业负责人薪酬管理办法的通知
海口市	2018 年 12 月 31 日	海口市深化国有企业负责人薪酬制度改革方案
杭州市	2016 年 12 月 16 日	杭州召开深化国有企业负责人薪酬制度改革工作会议
合肥市	2008 年 8 月 5 日	合肥市国有资产监督管理委员会有关印发《合肥市市属企业负责人薪酬管理暂行办法》的通知
河池市	2019 年 2 月 15 日	河池市人民政府办公室关于调整河池市深化国有企业负责人薪酬制度改革工作领导小组成员的通知
衡水市	2015 年 12 月 28 日	衡水市人民政府办公室关于成立衡水市深化国有企业负责人薪酬制度改革工作领导小组的通知
红河哈尼族彝族自治州	2018 年 9 月 25 日	红河州国资委监管企业负责人薪酬管理暂行办法
呼和浩特市	2020 年 9 月 22 日	关于召开深化国有企业负责人薪酬制度改革工作会议的通知
葫芦岛市	2020 年 9 月 23 日	葫芦岛市市属国有企业负责人薪酬管理暂行方法
湖州市	2016 年 11 月 18 日	湖州市市属国有企业负责人经营业绩考核与薪酬管理暂行办法
淮安市		深化市管企业负责人薪酬制度改革实施意见
淮北市	2019 年 01 月 10 日	淮北市市属企业负责人基本年薪基数认定暂行办法

城市	发布日期	文件名称或新闻报道标题
黄冈市	2016 年 6 月 6 日	黄冈市深化市属国有企业负责人薪酬制度改革实施意见
黄山市	2017 年 3 月 3 日	我市国有企业负责人薪酬制度改革工作实施意见
黄石市	2019 年 10 月 12 日	关于深化市管企业负责人薪酬制度改革的实施方案的通知
惠州市	2017 年 3 月 24 日	惠州市国资委所属企业负责人经营业绩考核工作指导意见
吉林市	2015 年 1 月 4 日	吉林省人民政府办公厅关于成立吉林省深化国有企业负责人薪酬制度改革工作领导小组的通知
济南市	2016 年 4 月 2 日	济南市市属国有企业负责人薪酬制度改革实施方案
嘉兴市	2017 年 5 月 4 日	关于做好县（市、区）和市直部门管理国有企业负责人薪酬制度改革工作的通知
江门市	2017 年 12 月 13 日	江门市市属国有企业负责人薪酬管理暂行办法
焦作市	2015 年 1 月 22 日	焦作市深化国有企业负责人薪酬制度改革工作领导小组办公室文件
金华市	2017 年 8 月 31 日	关于深化市管企业负责人薪酬制度改革的实施意见（送审稿）
锦州市	2017 年 10 月 1 日	锦州市深化市属国有企业负责人薪酬制度改革的意见
晋城市	2020 年 11 月 12 日	晋城市国资委监管企业负责人薪酬核定办法（试行）
荆州市	2016 年 10 月 12 日	荆州市市属出资企业负责人薪酬制度改革实施办法
景德镇市	2015 年 5 月 28 日	景德镇市人民政府办公室关于成立景德镇市深化国有企业负责人薪酬制度改革工作领导小组的通知
酒泉市	2016 年 4 月 5 日	酒泉市深化市属国有企业负责人薪酬制度改革实施方案
克拉玛依市	2019 年 6 月 18 日	克拉玛依市深化国有企业负责人薪酬制度改革实施方案
昆明市	2016 年 1 月 12 日	关于深化企业负责人薪酬改革制度的实施方案
拉萨市	2020 年 1 月 15 日	拉萨市国有企业负责人薪酬管理试行办法
兰州市	2016 年 12 月 23 日	兰州市深化市属国有企业负责人薪酬制度改革实施方案

续表

城市	发布日期	文件名称或新闻报道标题
廊坊市	2015 年 4 月 17 日	廊坊市人民政府办公室关于成立廊坊市深化国有企业负责人薪酬制度改革工作领导小组的通知
乐山市	2015 年 7 月 23 日	乐山市人民政府办公室关于成立乐山市深化国有企业负责人薪酬制度改革工作领导小组的通知
丽江市	2019 年 5 月 27 日	丽江市人民政府办公室关于印发《丽江市深化市属国有企业负责人薪酬制度改革实施方案》的通知
连云港市	2015 年 1 月 19 日	连云港市人民政府办公室关于成立市深化国有企业负责人薪酬制度改革工作领导小组的通知
凉山彝族自治州	2017 年 12 月 25 日	实施薪酬差异化，稳慎有序推进薪酬制度改革
聊城市		聊城市人民政府关于印发《聊城市市属国有企业负责人薪酬制度改革实施方案》的通知
临汾市	2015 年 10 月 8 日	临汾市人民政府办公厅关于成立临汾市深化国有企业负责人薪酬制度改革工作领导小组的通知
柳州市	2015 年 12 月 23 日	柳州市国资委履行出资人职责企业负责人薪酬管理暂行办法
六安市	2016 年 3 月 24 日	关于印发《2016 年全市劳动关系与调解仲裁工作要点》的通知
龙岩市	2016 年 9 月 7 日	龙岩市召开全市国有企业负责人薪酬制度改革工作会议
泸州市	2014 年 11 月 13 日	泸州市人民政府办公室关于成立泸州市深化国有企业负责人薪酬制度改革工作领导小组的通知
洛阳市	2017 年 1 月 24 日	洛阳市市属（管）国有企业负责人薪酬制度改革实施意见
漯河市	2017 年 5 月 26 日	关于分解 2017 年度人力资源和社会保障责任目标的通知
马鞍山市	2016 年 5 月 16 日	稳步推进市国有企业负责人薪酬改革
绵阳市	2017 年 6 月 7 日	绵阳聚焦试点示范完善现代企业制度
南昌市	2018 年 11 月 23 日	南昌市国资委关于市政协十四届三次会议 20180080 号提案的答复
南充市	2015 年 10 月 14 日	扎实稳妥有序推进确保改革措施不折不扣落实到位
南京市	2016 年 9 月 27 日	关于成立深化国有企业负责人薪酬制度改革工作领导小组的通知

续表

城市	发布日期	文件名称或新闻报道标题
南宁市	2017 年 4 月 19 日	市国资委召开深化国有企业负责人薪酬制度改革相关文件解读会
南通市	2016 年 12 月 31 日	南通市深化市管企业负责人薪酬制度改革实施意见
南阳市	2015 年 2 月 4 日	南阳市人民政府办公室关于成立南阳市深化国有企业负责人薪酬制度改革工作领导小组的通知
内江市	2015 年 2 月 11 日	关于成立内江市深化国有企业负责人薪酬制度改革领导小组的通知
宁波市	2015 年 9 月 19 日	宁波市人民政府办公厅关于建立宁波市深化国有企业负责人薪酬制度改革联席会议制度的通知
宁德市	2015 年 7 月 17 日	宁德市召开企业基本情况调查摸底工作及国企薪酬制度改革推进部署会
攀枝花市	2014 年 11 月 26 日	攀枝花市人民政府办公室关于成立深化国有企业负责人薪酬制度改革工作领导小组的通知
盘锦市	2017 年 6 月 1 日	盘锦市国资委出资企业负责人薪酬管理实施意见
平顶山市	2018 年 7 月 13 日	市政府新闻办举行 2018 年第二期新闻发布会
萍乡市	2015 年 8 月 28 日	萍乡市人民政府办公室关于成立萍乡市深化国有企业负责人薪酬制度改革工作领导小组的通知
秦皇岛市	2016 年 8 月 15 日	秦皇岛市政府国资委履行出资人职责企业负责人薪酬管理暂行办法
青岛市	2016 年 6 月 23 日	青岛市市直企业负责人薪酬制度改革实施意见
泉州市	2015 年 8 月 19 日	泉州市人民政府办公室关于成立泉州市深化国有企业负责人薪酬制度改革工作领导小组的通知
日照市	2016 年 1 月 13 日	国有企业负责人薪酬制度改革实施意见
三明市	2015 年 8 月 22 日	三明市人民政府办公室关于成立市深化国有企业负责人薪酬制度改革工作领导小组的通知
厦门市	2016 年 12 月 2 日	厦门市人民政府办公厅关于调整市深化国有企业负责人薪酬制度改革工作联席会议成员的通知
汕头市	2018 年 9 月 20 日	汕头市市属国有企业薪酬管理办法
商丘市	2015 年 12 月 16 日	商丘市国有企业负责人薪酬制度改革工作确定改革范围和改革任务

城市	发布日期	文件名称或新闻报道标题
上海市	2015 年 8 月 31 日	上海市机关事务管理局关于印发受托监管企业领导人员薪酬制度改革实施意见的通知
韶关市	2014 年 9 月 10 日	人力资源社会保障部谈央企负责人薪酬制度改革
绍兴市	2015 年 10 月 29 日	绍兴市积极推进市管国有企业负责人薪酬制度改革
深圳市	2017 年 5 月 5 日	关于进一步完善市属国有企业收入分配制度健全能高能低薪酬分配机制的指导意见
沈阳市	2017 年 11 月 1 日	关于深化沈阳市市属国有企业负责人薪酬制度改革意见
石家庄市	2015 年 11 月 11 日	关于深化市属国有企业负责人薪酬制度改革的实施意见
苏州市	2017 年 5 月 9 日	苏州市深化市管国有企业负责人薪酬制度改革实施意见
宿迁市	2018 年 8 月 5 日	深化市管企业负责人薪酬制度改革实施意见
宿州市	2015 年 4 月 17 日	萧县人民政府办公室关于成立萧县深化国有企业负责人薪酬制度改革工作领导小组的通知
遂宁市	2016 年 11 月 9 日	关于深化市属国有企业负责人薪酬制度改革的实施意见
台州市	2015 年 10 月 9 日	台州市人民政府办公室关于建立深化国有企业负责人薪酬制度改革联席会议制度的通知
太原市	2018 年 4 月 19 日	关于印发太原市深化市属国有企业负责人制度改革实施方案的通知
泰安市	2017 年 3 月 20 日	泰安市 2017 年国民经济和社会发展计划
天津市	2015 年 7 月 29 日	天津市深化市管国有企业负责人薪酬制度改革实施方案
通化市	2017 年 3 月 27 日	通化市人民政府办公室关于调整通化市深化国有企业负责人薪酬制度改革工作领导小组成员的通知
铜川市	2016 年 4 月 6 日	中共铜川市委铜川市人民政府印发《关于深化市属国有企业负责人薪酬制度改革的实施意见》的通知
铜陵市	2016 年 11 月 2 日	铜陵市市属国有企业负责人薪酬制度改革实施方案
威海市	2016 年 8 月 5 日	威海市市管企业负责人薪酬制度改革实施意见
潍坊市	2015 年 1 月 1 日	潍坊市市管企业负责人薪酬制度改革实施方案

城市	发布日期	文件名称或新闻报道标题
温州市	2017 年 1 月 1 日	关于深化市管企业负责人薪酬制度改革的实施意见
文山壮族苗族自治州	2016 年 1 月 1 日	文山州深化州属企业负责人薪酬制度改革实施方案
乌海市	2015 年 6 月 15 日	乌海市人民政府办公厅关于成立乌海市深化国有企业负责人薪酬制度改革工作领导小组（核算委员会）的通知
乌鲁木齐市	2015 年 1 月 1 日	乌鲁木齐市人力资源和社会保障局 2015 年部门决算
无锡市	2017 年 1 月 1 日	深化市管企业负责人薪酬制度改革的实施意见
芜湖市	2017 年 1 月 1 日	中共芜湖市委、芜湖市人民政府关于深化市属企业负责人薪酬制度改革的实施方案
梧州市	2017 年 6 月 15 日	梧州市人民政府办公室关于印发我市深化国有企业负责人薪酬制度改革意见的通知
武汉市	2015 年 7 月 2 日	市人民政府办公厅关于成立市深化国有企业负责人薪酬制度改革工作领导小组的通知
武威市	2016 年 11 月 28 日	武威市人民政府关于改革和完善国有资产管理体制的实施意见
西安市	2016 年 5 月 20 日	中共西安市委、西安市人民政府《关于进一步深化市属国有企业改革的实施意见》
咸阳市	2016 年 3 月 11 日	深化市属企业负责人薪酬制度改革的意见
湘潭市	2016 年 10 月 21 日	湘潭市市管国企负责人经营业绩考核与薪酬管理的实施意见
襄阳市	2016 年 10 月 27 日	关于深化市属企业负责人薪酬制度改革的实施方案
信阳市	2015 年 2 月 12 日	信阳市人民政府办公室关于成立信阳市深化国有企业负责人薪酬制度改革工作领导小组的通知
徐州市	2016 年 1 月 1 日	深化市管企业负责人薪酬制度改革实施意见
宣城市	2017 年 2 月 16 日	宣城市人民政府办公室关于成立宣城市深化国有企业负责人薪酬制度改革工作领导小组的通知
烟台市	2016 年 8 月 19 日	烟台市市管企业负责人薪酬制度改革实施方案
盐城市	2017 年 11 月 1 日	深化市管企业负责人薪酬制度改革实施意见
扬州市	2017 年 3 月 13 日	中共扬州市委、扬州市人民政府关于印发《深化市管企业负责人薪酬制度改革实施意见》的通知
伊犁哈萨克自治州	2015 年 6 月 26 日	关于成立自治州深化国有企业负责人薪酬制度改革工作领导小组的通知

城市	发布日期	文件名称或新闻报道标题
宜宾市	2017 年 5 月 3 日	宜宾县人民政府办公室关于成立宜宾县深化国有及国有控股公司负责人薪酬制度改革工作领导小组的通知
宜昌市	2015 年 3 月 18 日	关于成立宜昌市深化国有企业负责人薪酬制度改革工作领导小组的通知
银川市	2017 年 2 月 14 日	关于深化银川市属国有企业负责人薪酬制度改革的实施意见
营口市	2015 年 6 月 30 日	关于印发营口市人民政府国有资产监督管理委员会主要职责内设机构和人员编制规定的通知
岳阳市	2019 年 2 月 12 日	关于深化市管国有企业负责人薪酬制度改革的意见
运城市	2015 年 9 月 25 日	运城市部署深化国有企业负责人薪酬制度改革工作
张家界市	2017 年 2 月 15 日	张家界市市管国有企业负责人薪酬制度改革实施方案
张家口市	2019 年 11 月 11 日	张家口市市属国有企业负责人薪酬管理暂行办法
漳州市	2015 年 7 月 3 日	关于建立深化国有企业负责人薪酬制度改革工作联席会议制度的通知
长春市	2017 年 12 月 8 日	深化市管国有企业负责人薪酬制度改革实施方案
长沙市	2017 年 1 月 1 日	关于深化市管国有企业负责人薪酬制度改革的意见
镇江市	2017 年 11 月 13 日	镇江市人民政府办公室关于调整市深化国有企业负责人薪酬制度改革工作领导小组组成人员的通知
郑州市	2018 年 12 月 14 日	郑州市市属其他国有企业负责人薪酬制度改革工作方案
中山市	2015 年 5 月 29 日	中山市人民政府办公室关于成立中山市市属国有企业负责人薪酬制度改革工作领导小组的通知
重庆市	2015 年 6 月 25 日	重庆市深化市管企业负责人薪酬制度改革实施意见
周口市	2015 年 10 月 10 日	周口市人民政府办公室关于成立周口市深化国有企业负责人薪酬制度改革工作领导小组的通知
珠海市	2015 年 4 月 27 日	珠海市人民政府办公室关于成立珠海市深化国有企业负责人薪酬制度改革工作领导小组的通知
株洲市	2016 年 4 月 28 日	株洲市市管国有企业负责人薪酬制度改革实施办法
淄博市	2019 年 12 月 11 日	淄博市市属国有企业负责人薪酬制度改革实施意见
自贡市	2017 年 12 月 15 日	关于深化自贡市市属国有企业负责人薪酬制度改革的实施意见

|第 5 章|

金融强监管与专利经济价值

5.1 研究背景与意义

党的二十大报告提出，要强化企业科技创新主体地位，提升国家创新体系整体效能；同时也要求加强和完善现代金融监管，依法监管各类金融活动，守住不发生系统风险的底线。金融安全与监管一直是热点议题，而加强金融服务于企业创新与实体经济是我国金融体制改革的重要内容。2018 年 4 月，中国人民银行、原银行监督委员会、原保险监督委员会、证券监督委员会（即"一行三会"）和国家外汇管理局联合发布的《关于规范金融机构资产管理业务指导意见》（以下简称资管新规）开启了中国金融市场"统一监管"的新时代。

目前，学术界对资管新规的研究大多认为其有利于实体经济发展。李建强等（2019）认为，资管新规增强了宏观审慎政策的逆周期调控作用。李青原等（2022）认为，资管新规反向挤出金融资产投资，促进经济"扭虚向实"。彭俞超和何山（2020）认为，资管新规虽然限制了影子银行活动，恶化了企业的融资约束，但是促进了金融资源的有效配置。但也有学者持反对意见。刘冲等（2022）认为，资管新规会导致货币市场短期利率向债券利率的传导效率降低，不利于金融稳定。蒋敏等（2020）认为，资管新规的实施导致影子银行规模迅速萎缩，企业的重要融资渠道被切断，加剧了企业的融资约束。为了更好地说明金融强监管与实体经济发展之间的联系，本章将考察资管新规与企业技术创新之间的联系，从而更好地回答上述问题。

本章借助资管新规的实施，研究其对企业专利经济价值的影响。具体而言，本章以 2014～2021 年中国 A 股非金融类上市企业年度数据为样本，以资管新规为准自然实验，检验了资管新规对企业专利经济价值的影响。结果发现，资管新规显著提高了企业的专利经济价值。一方面，资管新规通过强化对资管业务的管理，压缩企业的金融投资，反向挤出企业资金至创新研发当中。但另一方面，资管新规的层层限制，恶化了企业的融资约束，在一定程度上限制了企业创新。本章发现，抑制金融投资的效应占据主导地位，因此，净效应体现为资管新规促进了企业的研发创新。此外，在国有企业、内部控制有效的企业、高管具有金融背景的企业、公司规模较大的企业、行业竞争度较低的企业中该效应更加显著。

本章主要有以下三个方面的边际贡献。第一，首次将机器学习的方法应用至资管新规的研究领域。现有文献对资管新规的研究的方法主要依赖于李青原等（2022）提出的广义双重差分法，虽然有一定的可取性，但并没有严格的证明其结果的准确性。本章在广义双重差分法的基础上，采用机器学习的方法，通过 BART 模型拟合反事实结果，从而估算每个企业的处理效应。第二，本章将敏感性分析及因果路径分析解决机制分析中潜在的遗漏变量问题。机制检验是实证文献重点关注的内容，但是江艇（2022）认为，单中介的逐步检验法会产生遗漏变量而导致的内生性问题。本章采用今井耕介等（Imai et al.，2010）的敏感性分析与 Rubin 因果分析框架下的因果路径分析以克服上述问题。第三，本章分解了资管新规带来的影响，发现抑制金融投资效应强于加剧融资约束效应。本章通过因果路径分析的方法发现，前者占总效应的 87.34%，后者为 −44.62%，最终净效应为 42.72%。可见，资管新规对企业创新而言利大于弊。

5.2　文献回顾与理论分析

5.2.1　资管新规的制度背景与相关研究

自 2018 年资管新规实施以来，学术界便持续关注该项监管政策。周月秋和藏波（2019）认为，资管新规出台的核心原因是中国金融周期与经济周期的不同步，具体表现是影子银行的快速发展致使企业金融化和资产泡沫化程度加深。资管新规通过破刚兑、禁错配、除嵌套、降杠杆等方式限制影子银行业务的发展，开启中国资管行业标准化，规范化监督的时代（彭俞超和何山，2020）。

在宏观层面，李建强等（2019）认为，资管新规打破刚性兑付有利于优化金融机构对产品的定价能力，从而增强了宏观审慎政策的逆周期调控作用。彭俞超和何山（2020）认为，资管新规虽然限制了影子银行活动，恶化了企业的融资约束，导致货币政策有效性被削弱，但促进了金融资源的有效配置。此外，学术界在资管新规是否能稳住底线，控制系统性金融风险的问题上，也有不同的观点。周上尧和王胜（2021）认为，资管新规可以有效控制影子银行活动，降低其融资规模，从而预防系统性风险。但刘冲等（2022）则认为，资管新规会导致货币市场短期利率向债券利率的传导效率降低，不利于金融稳定。而马亚明和胡春阳（2021）发现，资管新规使实体行业对金融行业风险输出水平降低，但同时反向风险输出水平略有提升。

在微观层面，大多数文献认为资管新规对企业发展有正向作用。李青原等（2022）认为，资管新规能够使企业从金融投资中反向挤出资金，流回实体经济，从而扭虚向实。刘冲等（2022）认为，资管新规能够通过推动定期存款扩张，使得存款期限拉长而缓解企业的短债长用问题。汤晟等（2024）认为，资管新规可以优化企业集团的内部资本市场资源配置，从而提高全要素生产率。但也有学者认为，资管新规在一定程度上切断了企业的重要融资渠道，导致企业的融资成本和融资约束上升（蒋敏等，2020）。

5.2.2 金融监管与企业创新之间的关系

既有研究认为，金融机构和金融市场的发展为企业创新提供了重要支持（解维敏和方红星，2011；唐清泉和巫岑，2015；Benfratello et al.，2008），而有效的金融供给会直接影响企业创新活动的开展（贾俊生等，2017；Hsu et al.，2014）。但目前而言，中国的金融体系仍然有许多不完善的地方（陈斌开和林毅夫，2012；黄益平和黄卓，2018），而资管新规作为首个统一金融强监管政策，势必会对企业创新产生重要影响，但也存在不确定性（Agarwal et al.，2014）。

监管有利观认为，在宏观层面，金融监管能重塑金融体系机制，解决市场中存在的金融乱象，从而改善金融生态，为企业创新营造良好的外部投融资环境（Mertzanis，2020）。同时，通过限制影子银行发展等方式进行金融监管可以降低非银行金融机构的极端风险（马亚明和胡春阳，2021），引导金融资源转向实体产业，优化宏观经济环境（段军山和庄旭东，2021）。在供给端层面，金融监管可以规范金融机构的资金配给，促进金融资源优化配置，使资本向高效率企业集中，为其提供资金支持（彭俞超和何山，2020）。在企业创新投入层面，金融强监管通过抑制企业参与影子银行业务等方式，对企业金融化活动进行挤压，将资金更多投入实体经济（李青原等，2022）。此外，金融监管可以对企业的真实盈余管理行为进行限制，从而促进企业创新（朱红军等，2016）。

监管不力观则认为，扭曲的监管行为非但无法优化资源配置，还会导致信贷资源错配加剧，从而阻碍实体企业的创新发展（张璇等，2017）。弗兰克等（Franks et al.，1997）和李青原等（2022）认为，金融监管可能会带来巨大的直接成本（如监管机构执法成本）和间接成本（如企业内部管理成本等），如果成本高于收益，则会给企业产生负担，从而抑制其研发创新。彭俞超和何山（2020）也认为，"一步到位"的监管政策会导致一定的经济负担。此外，蒋敏等（2020）认为，金融强监管政策会导致企业的融资约束与融资成本上升，从而抑制企业创新。

5.2.3　资管新规影响企业创新的理论分析

从理论来看，资管新规对于企业创新而言具有积极和消极两方面的影响。从积极的角度来看，资管新规的实施能够抑制企业的金融化。由于企业创新是一个高风险、长周期且具有不确定性的活动，所以企业往往需要高质量、高效率的资金支持（段军山和庄旭东，2021）。企业进行金融投资主要出于两类目的："预防性储蓄"和"利润追逐"（李青原等，2022；喻子秦和肖翔，2023）。前者认为金融投资相当于"蓄水池"，能够平滑企业资金需求，给创新提供基础支撑（段军山和庄旭东，2021；黄贤环等，2021；Gehringer，2013），即"金融化有利观"。后者则认为，由于金融投资收益远高于创新收益，企业会倾向于选择金融投资代替创新投资（Demir，2009；Orhangazi，2008），从而挤出企业资金，抑制企业创新，即"金融化不利观"。

从"金融化有利观"角度，金融投资产品收益高、变现快可以帮助企业在短期内获得更多利润（邓路等，2020；杜勇等，2017），进而改善企业的短期绩效，提升其信用等级，缓解融资约束，而得到更多的资金支持（段军山和庄旭东，2021）。此外，预防性储蓄理论认为，企业可以运用闲置资金投资短期金融产品，由于其变现易、转换成本低的特点，可以在需要时快速变现，降低企业经营风险（胡奕明等，2017）。

从"金融化不利观"角度，由于企业出于利润追逐的目的进行金融投资，而在获得短期高额收益后，企业容易陷入投资陷阱，加剧盈余波动（彭俞超等，2018）。此时，出于自利动机，企业管理层会选择将资金进一步投入金融产品以追求短期高额回报（李建军和韩珣，2019），而企业可运用的资源有限，过度金融化投资势必会挤出创新投资，抑制企业创新（韩珣等，2022）。

首先，资管新规实施后，通过打破刚性兑付、加强资产期限错配风险管理的方式对金融产品进行严格限制。一方面，打破刚性兑付后，金融机构将不能对产品进行信用背书，无风险利率由市场定价决定，使得企业投资风险上升，降低其投资意愿（张成思和张步昙，2016）。另一方面，资管新规加强了金融产品的期限错配管理，明确要求金融产品负债端期限必须与资产端期限相匹配，这将拉长企业金融投资期限，从而强化金融投资风险，进一步降低企业投资意愿（谭德凯和田利辉，2021）。其次，资管新规要求金融产品净值化转型，一方面直接压缩了金融产品的预期收益（毛德勇等，2021），另一方面改变了对理财预期收益的锚定，引导市场无风险利率下行（李青原等，2022），间接降低了资管产品等金融产品的盈利空间。最后，资管新规还通过禁止产品多层嵌套的方式，限制金融机构开展影子银行业务，也限制了非金融企业参与金融投资（彭俞超和何山，2020）。

因此，资管新规从投资风险、盈利空间、参与渠道三个方面对企业金融投资进行限制，使得其金融化程度降低。基于上述分析，本章提出以下研究假设：

H5-1：资管新规通过抑制企业金融投资的方式促进创新。

从消极作用来看，资管新规的实施将恶化企业的融资约束。关于融资约束与企业创新的关系问题，学术界也有所争论。部分学者认为，融资约束越大，企业的创新效率就越高。首先，王泓仁（Wang，2003）认为，企业可以通过提高其技术效率的方式抵消融资约束导致的经济损失。其次，融资约束降低了企业代理机构对提高企业创新投资效率的负面影响（Fisman & Love，2003）。最后，胡瓦吉米扬（Hovakimian，2011）认为，即使在融资约束收紧的情况下，生产者之间的合作也可以提高其技术创新效率。但持相反观点的学者认为，如果企业的贴现系数较低（即资金成本较高），融资约束将导致企业投资推迟到下一周期（Love，2003），即由于融资约束，创新投入很可能被推迟，企业的创新效率将降低。同时，企业研发投资强度与企业获得的融资额度正相关（Brown et al.，2012）。埃莫尔等（Amore et al.，2013）提供的经验证据表明，美国州际银行贷款管制的放开有助于培育企业创新。但总体而言，既有文献大多认为减少融资约束可以提高企业的创新水平。

回归到中国语境，在中国以银行为主导的金融体系中，银行信贷是微观经济实体的重要融资来源（林毅夫等，2009；Allen et al.，2005）。现有研究认为，在资金的供给端方面，加强银行的监管力度会导致信贷供给在总量上减少（黄宪等，2005）；在资金的需求端方面，强监管会加剧原本就无法通过正规信贷获取融资的企业的融资约束（Dewatripont & Maskin，1995）。企业只能从非正规金融市场寻求资金，而资管新规的实施削弱了影子银行对传统信贷业务的补充作用（程小可等，2015），企业失去了一个重要的资金渠道，又重回受商业银行信贷"歧视"的状态，将面临更加严重的融资约束。此外，资管新规引导非标产品转标，使得银行需要通过表内资金对接表外资产，导致银行体系的资本占有上升，进一步挤占了信贷资源，加剧了企业的融资约束（李青原等，2022）。基于上述分析，本章提出以下研究假设：

H5 - 2：资管新规导致融资约束加剧而抑制创新。

5.3　研究设计

5.3.1　样本选择

本章选取沪深 A 股非金融类上市企业 2014 ~ 2021 年年度数据为样本，并对初始样本进行了如下处理：（1）剔除 ST 或 ST* 样本；（2）剔除资不抵债的样本；（3）剔除总资产、总负债、营业收入、营业成本、净利润等核心财务指标缺失的样本；（4）将其他非核心财务数据缺失值补为 0；（5）剔除上市时间不足 1 年的样本；（6）剔除计算各相关变量后产生的缺失值；（7）剔除不满足政策实施前后至少有 1 期数据的样本。本章对所有连续变量进行了双侧 1%的缩尾处理。本章的企业特征数据主要来自国泰安数据库（CSMAR）；宏观变量数据来自国家统计局和中国人民银行等官方权威数据库。

5.3.2　模型设定

资管新规在全国范围内统一时间实施，企业层面并不存在标准的实验组和对照组，故无法构建标准的双重差分模型（李青原等，2022）。但资管新规的实施，对于不同的企业会产生不同的影响，更依赖于从影子银行融资的企业会受到更大的影响，为此，本章将政策实施前企业的金融资产规模作为衡量政策对企业的冲击程度，借鉴蒋敏等（2020）、李青原等（2022）和喻子秦和肖翔（2023）的做法，构建如下广义 DID 模型进行分析：

$$\text{PatVal}_{i,t} = \beta_0 + \beta_1 \text{Post} \times \text{PreFin} + \beta_2' X_{i,t} + \mu_i + \lambda_t + \delta_i + \varepsilon_{i,t}$$

$$(5-1)$$

其中，i 代表公司，t 代表年份；PatVal 是指企业专利的经济价值，用于反映企业创新的质量以及未来商业化的潜力；Post 是指时间虚拟变量；PreFin 为资管新规实施前 3 期末企业 i 的平均金融化程度代理变量；X 是一系列控制变量；μ_i 是企业的个体固定效应；λ_t 是时间固定效应；δ_i 是行业固定效应。同时本章对标准误差进行稳健标准误的调整。

5.3.3　变量定义

首先，被解释变量，即专利的经济价值（PatVal）。本章采用企业专利的经济价值作为衡量企业创新产出质量的主要被解释变量。该变量的具体构造过程可以参考本书第 3 章。由于专利价值的样本只到 2020 年，后续年份的专利经济价值受到数据可得性的影响无法直接估计出来。因此，本章先将专利经济与专利特征、企业特征等变量回归，得到拟合值后，代入相关数据估算 2021 年企业所申请的专利经济价值。参与回归的专利特征包括专利同族规模、主权项个数、专利的 IPC 门类虚拟变量、企业营业收入、企业研发员工个数、申请年份及其平方项，以及决定年份及其平方项。

其次，本章构建了 DiD 交乘项，以考虑资管新规带来的影响。DiD 交乘项定义为时间虚拟变量×企业平均金融化程度（Post×PreFin）。其中，Post为时间虚拟变量，资管新规于 2018～2021 年底为实施的过渡期，而自 2022年 1 月开始资管新规正式实施，为了获取充足的样本实现有效的估计，本章选择拥有更长时间窗口的过渡期作为分析的区间。根据资管新规首次正式发布的时间，当观测期为 2018 年及之后，Post 取 1，否则取 0。PreFin 为资管新规实施前 3 期末企业 i 的平均金融化程度代理变量，用期末企业持有的金融资产占总资产的比重来度量企业当期的金融化程度，其中金融资产包括交易性金融资产、买入返售金融资产、可供出售金融资产、持有至到期投资和投资性房地产（李青原等，2022）。

最后，控制变量（X），控制变量为企业层面的特征变量及地区层面的宏观变量。企业层面具体包括：企业规模（Size）、公司年龄（lnAge）、资产负债率（Lev）、总资产净利润率（ROA）、现金流量率（Cash）、账面市值率（BM）、董事会规模（Board）、独立董事比例（Indep）、两职合一（Dual）。地区层面具体包括：地区生产总值增长率（GDPGrowth）、地区信贷情况（Bankcredit）、地区财政赤字率（Fisdeficit）、地区固定资产投资增长率（CapexGrowth）。此外，本章将控制变量均滞后 1 期，以缓解潜在的双向因果问题。详细度量方法如表 5－1 所示。

表 5－1   变量详细定义

变量符号	变量名称	度量方法
PatVal	企业专利经济价值	企业所申请专利经济价值/总资产
Post	时间虚拟变量	当观测期为 2018 年及之后，Post 取值为 1，否则取值为 0
PreFin	企业影子银行融资规模	资管新规实施前三期末的企业的平均值
Size	企业规模	ln（总资产）
lnAge	企业年龄	ln（企业年龄）
ROA	总资产净利润率	净利润/总资产
Cash	现金流量率	经营现金流量净额/总资产
Lev	资产负债率	总负债/总资产

变量符号	变量名称	度量方法
BM	账面市值率	资产总计/市值
Board	董事会规模	董事会人数取自然对数
Indep	独立董事比例	独立董事人数/公司董事总人数
Dual	两职合一	董事长和总经理为同一人，取值为1，否则为0
GDPGrowth	地区生产总值增长率	地区生产总值同比增长率
Bankcredit	地区信贷情况	企业所在省份当期各项贷款累计余额／该省生产总值
Fisdeficit	地区财政赤字率	企业所在省份财政赤字／该省生产总值
CapexGrowth	地区固定资产投资增长率	企业所在省份的固定资产投资增长率

5.3.4 描述性统计

表5－2列示了主要变量的描述性统计结果。在本章的样本中，由于拟合专利经济价值以及存在较多专利申请为零的上市公司样本，因而企业平均的经济价值约占总资产的3.1%，略低于第3章测算的结果。但是总体来看仍然处于较为合理的范围，反映出专利在企业资产中的相对重要性。此外，该变量的标准差为0.120，相比第3章测算的结果相对较为集中。值得注意的是，最小值为0，意味着有部分企业没有专利或其专利未产生经济价值，而最大值达到0.290，表明某些企业专利的经济价值占总资产的比重相对较高。

此外，Post的平均值为0.5，表明资管新规实施前后的样本均为50%，样本分布均衡。PreFin的平均值为0.04，表明样本企业在资管新规实施前三期末的平均金融化程度为4.00%，即影子银行融资平均占总资产的4.0%。PreFin标准差为0.060，相对于专利经济价值来说，影子银行融资规模的分布更为集中，表明大多数企业在影子银行融资方面的规模相近。

其他控制变量的统计描述基本符合预期。在财务特征方面，企业的资产规模的对数为22.4，年龄lnAge的平均值为2.87，表明平均年龄约为17.64，同时标准差为0.32，中位数为2.89，与均值相近，表明样本企业的资产规模较大，年龄分布相对集中。Cash的平均值为0.05，表明样本企业的平均现金流量率为5.00%。企业的资产负债率约为43%，最大值为86%，符合当前中国上市公司杠杆率的典型事实。在公司治理方面，企业董事会规模的自然对数均值为 2.14，独立董事占比约为 38%，处于 1/3 的监管要求附近。大约 24% 的样本中，企业的董事长和总经理是同一个人。在宏观变量方面，地区生产总值增长率平均为 7.01%，金融机构信贷余额占当地生产总值的 152%，财政赤字率则为 8%，企业所在省份的固定资产投资增长率约为 8.28%。

表 5 - 2　　　　　　　　　　主要描述性统计结果

变量	样本量	均值	标准差	最小值	25 分位数	中位数	75 分位数	最大值
PatVal	15 600	0.031	0.120	0	0	0.020	0.030	0.290
Post	15 600	0.500	0.500	0	0	0.500	1	1
PreFin	15 600	0.040	0.060	0	0	0.010	0.040	0.320
Size	15 600	22.40	1.260	20.070	21.520	22.240	23.120	26.250
lnAge	15 600	2.870	0.320	1.790	2.710	2.890	3.090	3.470
Lev	15 600	0.430	0.200	0.060	0.270	0.420	0.580	0.860
ROA	15 600	0.030	0.060	- 0.270	0.010	0.030	0.060	0.190
Cash	15 600	0.050	0.060	- 0.130	0.010	0.050	0.090	0.230
BM	15 224	0.620	0.260	0.120	0.410	0.610	0.810	1.190
Board	15 217	2.140	0.200	1.610	1.950	2.200	2.200	2.710
Indep	15 598	0.380	0.050	0.330	0.330	0.360	0.430	0.580
Dual	15 598	0.240	0.430	0	0	0	0	1
GDPGrowth	15 600	7.010	2.100	0.600	6.400	7.540	8.140	11.000
Bankcredit	15 600	1.520	0.430	0.800	1.200	1.380	1.800	2.510
Fisdeficit	15 536	0.080	0.070	0.020	0.040	0.050	0.110	0.360
CapexGrowth	15 600	8.280	7.050	- 24.700	5.100	8.600	12.100	23.200

5.4　实证结果分析

5.4.1　基准回归分析

表 5 - 3 展示了基准回归分析的结果。表 5 - 3 中所有列的被解释变量均为企业专利的经济价值。为了更好地反映回归系数的大小，本章将专利的经济价值占比乘以 100。因此，所有系数的解读均为其中第（1）列为不添加控制变

量的回归结果，交乘项 Post×PreFin 在 1% 的水平下显著为正。第（2）列为加入全部控制变量的回归结果，交乘项 Post×PreFin 在 1% 的水平下显著为正。即资管新规实施后，金融化程度高的企业创新水平显著提高。从经济学意义来看，相比于资管新规实施前平均金融化程度较弱的企业而言，资管新规实施后其专利的经济价值增长了 0.53% ~ 0.55%，占样本均值的 17.1% ~ 17.7%。由此可见，基准模型的结果初步支持了本章的 H5 – 1，而拒绝了本章的 H5 – 2。

　　其他控制变量的系数估计值也大致符合现有文献的研究结论。首先，企业的规模和年龄越大，则专利的经济价值越高。这表明，大型成熟企业更能够生产出具有高经济价值的专利。根据本书第 2 章的研究结果来看，由于大型成熟企业更可能进入最后的研发阶段，这些企业的经济价值也会越高。其次，企业的杠杆率越高，专利的经济价值越低。现有文献表明，债务融资并不利于企业的研发创新（Hsu et al.，2014）。因此，过高的负债率往往导致创新质量偏低。最后，本章发现，公司治理和区域宏观经济因素对于企业专利经济价值而言并没有显著影响，这可能是因为上述因素大多只能影响企业的创新数量，而对创新质量的影响相对较弱。

表 5 – 3　　　　　　　　　　　　　基准回归结果

变量	（1）	（2）
	PatVal	PatVal
Post×PreFin	0. 548 *** (5. 75)	0. 527 *** (5. 53)
Size		0. 412 *** (3. 90)
lnAge		1. 308 *** (−5. 39)
Lev		− 1. 881 *** (−5. 33)
ROA		1. 726 *** (2. 98)
Cash		− 0. 241 (−0. 40)

变量	（1）	（2）
	PatVal	PatVal
BM		0. 547 **
		（2. 39）
Board		0. 155
		（0. 43）
Indep		0. 773
		（0. 75）
Dual		− 0. 065
		（ − 0. 73）
GDPGrowth		− 0. 007
		（ − 0. 17）
Bankcredit		− 0. 116
		（ − 0. 38）
Fisdeficit		− 2. 511
		（ − 0. 92）
CapexGrowth		0. 001
		（0. 19）
Constant	− 0. 667 ***	− 0. 726 **
	（ − 228. 66）	（ − 2. 52）
企业固定效应	是	是
时间固定效应	是	是
行业固定效应	是	是
样本量	15 600	15 153
调整 R^2	0. 765	0. 770

注：*** 、** 分别表示在 1% 、5% 的水平下显著，括号中的数字为双尾检验的 t 值，标准误选择稳健标准误（robust）。

5. 4. 2　平行趋势检验

双重差分法的一个核心前提假设是处理组和对照组企业在政策实施之间并无系统性差异。为此，本章基于事件研究法，考察企业专利经济价值是否符合事前平行趋势假设。具体而言，本章将 2018 年设定为基期，并将模型（5-1）的时间虚拟变量 Post 分别拆分为 Pre_3、Pre_2、Pre_1、Current、Post_1、Post_2、Post_3，当观测期处于资管新规实施前 3 期、前 2 期、前 1 期时，Pre_3、Pre_2、Pre_1 分别取 1，否则取 0；当观测期处于基期时，Current 取 1；当观测期处于资管新规实施后第 1 期、第 2 期、第 3 期，Post_1、Post_2、Post_3 分别取 1，否则取 0。将其分别与 PreFin 进行交乘，重新代入模型（5-1）进行回归分析，根据表 5-4 第（1）列和图 5-1 的实证结果显示，资管新规实施之前估计系数不显著，资管新规实施之后当期至 3 期，估计系数显著大于零且存在一定的递增趋势，满足事前平行趋势检验，并说明资管新规对企业创新有较为长期的正向效应，且效应随时间增加。由此可见，本章基准模型所估计得到的结果来自资管新规实施之后的影响。

表 5-4　　　　　　　　　　　　事前平行趋势检验

变量	（1）
	PatVal
Pre_3 × PreFin	0.135
	（0.61）
Pre_2 × PreFin	0.105
	（0.48）
Pre_1 × PreFin	0.070
	（0.32）
Current × PreFin	0.496**
	（2.36）
Post_1 × PreFin	0.479**
	（2.22）
Post_2 × PreFin	0.808***
	（3.55）
Post_3 × PreFin	0.995***
	（4.06）
控制变量	是
固定效应	是
样本量	15 153
调整 R^2	0.770

注：***、** 分别表示在 1%、5% 的水平下显著，括号中的数字为双尾检验的 t 值。

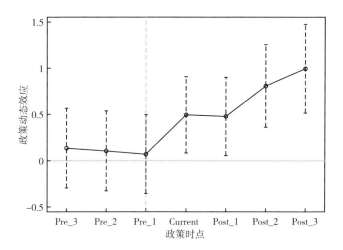

图 5 - 1　"资管新规"实施的动态效应检验

5.4.3　安慰剂检验

　　本章借鉴费拉拉（Ferrara et al.，2012）的做法，根据企业资管新规前三期的平均金融化程度中位数进行分组，划分为高金融化组（high）和低金融化组（low）。其中，高影子银行融资规模组为处理组构建伪实验组，并同样使用广义双重差分模型进行估计。同时，为了避免其他小概率事件对估计结果的干扰，本章将随机回归检验重复 500 次。如图 5 - 2 所示，在 500 次随机抽样中，Post × PreFin 的 t 值均呈现出接近正态分布，符合检验随机化的条件。同时，这 500 次重复实验的均值为 - 0. 01797，标准差为 1. 0266，非常接近于零，说明系数估计的分布并没有系统性地远离零处。与之对比的是，本章根据真实数据得到的回归系数 t 值为 5. 75 [表 5 - 3 的第（2）列]，处于安慰剂检验回归 t 值分布之外。图 5 - 3 汇报了 500 次随机生成处理组的估计系数密度以及对应的 p 值分布。结果表明，500 次随机过程中的系数估计值分布在 0 附近，且大部分 p 值大于 0. 1。此外，图 5 - 3 表示以企业平均金融化程度中位数分组变量作为解释变量进行回归获得的估计系数为 0. 6757，明显属于异常值，说明伪实验组的交互项系数在 10% 的水平下不显著，证明本章所采用的广义双重差分法估计的结果具有稳健性。

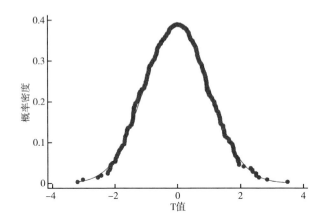

图 5 - 2 安慰剂检验：系数估计的 t 统计量分布情况

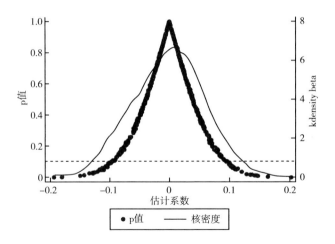

图 5 - 3 安慰剂检验：虚构处理组得到的系数估计 p 值

5.4.4 更换因变量

由于资管新规的实施主要影响了企业的闲置资金，因此，资管新规应当先提高企业的研发投资，从而影响专利的经济价值。为此，本小节参考唐跃军和左晶晶（2014）的做法，采用研发投入的自然对数（lnRD）替换原有的衡量方式作为企业创新的代理变量，如表 5 - 5 第（1）列显示，结果依然显著为正。此外，由于被解释变量中的分子（专利经济价值）是当年新增的流量，而分母（总资产）则是存量。为了考虑被解释变量分子分母的适配性，本小节还将分母替换为平均资产总额，即"（上一期总资产＋本期总资产)/2"，从而构造新的专利经济价值占比指标（PatVal2），即"专利经济价值/平均资产总额"，结果如表 5-5 第（2）列所示。虽然从系数估计值来看，双重差分项从基准模型的 0.527% 下降至 0.449%，但是系数仍然显著为正。

表 5-5　　　　　　　稳健性检验：更换因变量回归和限制样本区间

变量	（1）	（2）	（3）
	lnRD	PatVal2	限制样本区间
Post × PreFin	5.232 *** （5.45）	0.449 *** （5.28）	0.312 ** （2.75）
控制变量	是	是	是
企业固定效应	是	是	是
时间固定效应	是	是	是
行业固定效应	是	是	是
样本量	15 153	15 153	7 504
调整 R^2	0.771	0.760	0.827

注：*** 、** 分别表示在 1%、5% 的水平下显著，括号中的数字为双尾检验的 t 值。

5.4.5　限制样本区间

参考王红建和陈松（2022）的做法，为了排除样本期间内其他突发事件对于回归结果的干扰，本章尽可能缩短时间窗口，剔除 2015 年"股灾"与 2020 年、2021 年新冠疫情的影响，保留 2016~2019 年的数据作为样本进行估计。回归结果如表 5-5 第（3）列所示，不难发现，样本量从 15 153 下降至 7 504，系数估计值也下降至 0.312%，但是系数估计值统计上仍然显著。

5.4.6　基于 BART 模型的政策有效性评估

本章基于 BART 模型评估资管新规出台后对所有企业的处理效应

（Chipman et al.，2010；Hahn et al.，2020；Nethery et al.，2020），以检验广义双重差分模型是否稳健。具体为构造如下统计量 ATE 用来衡量资管新规所带来的企业创新：

$$\text{ATE}:\tau = \sum_{i=1}^{N} \left\{ \mathbb{E} \left(Y_i (T = t_{2i} | X_i) - Y_i (T = t_{1i}) \right) \right\} \qquad (5-2)$$

其中，Y_i 为第 i 个企业的创新水平；T_i 为机制变量（如金融投资、融资约束）；X_i 为企业 i 对应的混杂变量。则可以记 $Y_i (T = t_{2i})$ 为企业 i 在观测到其机制变量达到 t_{1i} 时，在资管新规实施条件下（现实）的创新水平；$Y_i (T = t_{2i})$ 为企业 i 在观测到其机制变量达到 t_{2i} 时，在资管新规未实施条件下（反事实）的创新水平。由于 $Y_i (T = t_{1i})$ 为观察到的已知数据，因而只需要对 $\mathbb{E} (Y_i (T = t_{2i} | X_i))$ 进行估计。

基于上述分析，本章将采用机器学习的方法利用贝叶斯可加性回归树（BART）模型进行估计。对于连续结果 Y 和预测向量 X，本章构建以下一般形式的 BART 模型：

$$Y = \sum_{j=1}^{J} g(X;T_j,M_j) + \varepsilon \qquad (5-3)$$

其中，$j=1,\cdots,J$ 是集成树的索引，g 是基于一组决策规则 τ_j，并将每个单元排序为一组以 m_j 为终端节点中的函数，组合在一起为均值参数 $\mu_j = \{\mu_1,\cdots,\mu_{mj}\}$。最后，$\varepsilon \sim N(0,\sigma^2)$ 是一个随机误差项。

$$Y_i^* = \sum_{j=1}^{J} g(t_{1i},X_i;T_j,M_j) + \varepsilon \qquad (5-4)$$

本章从 BART 模型中收集 H 个参数后验样本，统称为 θ，并对给定的后验样本 h 和每个单位 i，从 $\overline{Y_i^*}$ 的后验预测分布中收集一个样本表示该后验预测样本 $\overline{Y_i^*}^{(h)}$：

$$p(\overline{Y_i^*} | Y^*) = \int p(\overline{Y_i^*} | Y^*, \theta) p(\theta | Y^*) d\theta \qquad (5-5)$$

然后，再使用以上数据构造 τ 的后验预测样本：

$$\tau^{(h)} = \sum_{i=1}^{N} \left(\overline{Y_i^*}^{(h)} - Y_i^* \right) P_i \qquad (5-6)$$

接着估计 $\hat{\tau} = \dfrac{1}{H} \displaystyle\sum_{h=1}^{H} \tau^{(h)}$，即后验平均值，等效于一般匹配估计法中

$\tau^* = \displaystyle\sum_{s=1}^{S} \mathbb{E}(Y|X_s, T \in \Theta_{t_{2s}}) - Y_s(T = t_{1s})$ 的 $\mathbb{E}(Y|X_s, T \in \Theta_{t_{2s}})$，即：

$$\hat{\mathbb{E}}(Y|X_i, T \in \Theta_{t_{2i}}) = \frac{1}{H} \sum_{h=1}^{H} \overline{Y_i^*}^{(h)} P_i \qquad (5-7)$$

至此，估计出平均处理效应 ATE。

本章分两步运用 BART 模型评估资管新规效应。具体而言，首先运用 2014～2017 年的数据作为训练集，并以 2018～2021 年的数据作为测试集，拟合得到反事实情况下 2018～2021 年的企业创新水平 Y_i^*，再用实际数据 $\overline{Y_i^*}$ 与拟合数据作差，得到平均处理效应 ATE_{t1}，并通过 t 检验及置信区间验证显著性；其次运用 2018～2021 年的数据作为训练集，并以 2014～2017 年的数据作为测试集，拟合得反事实情况下 2014～2017 年的企业创新水平 Y_i^*，再用实际数据 $\overline{Y_i^*}$ 与拟合数据作差，得到平均处理效应 ATE_{t2}，并同样通过 t 检验及置信区间验证显著性。本章将企业的平均金融化及处理效应取均值，并均分为 10 组，用各组中位数绘制图 5－4，发现处理效应与企业平均金融化程度呈正相关，说明广义双重差分法基于中位数分组是具有稳健性的。

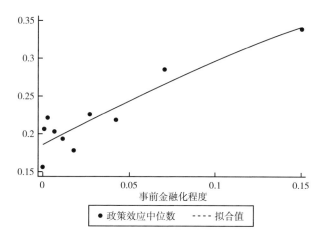

图 5－4　处理效应与平均金融化的关系

此外，本章还检验了不同分组中企业的平均处理效应，具体结果如表 5－6 所示，ATE_{t1} 为正显著，说明资管新规实施后，事实情况下企业的专

利经济价值增加额大于反事实情况下的增加额，即资管新规对企业创新投入具有积极作用。同样，ATE_{t2}为负显著，说明以资管新规实施（事实）为前提，BART拟合得到的2014~2017年专利经济价值高于事实情况下的专利经济价值，同样说明资管新规对企业创新投入具有积极作用。综上所述，基于BART模型的结果说明，企业在资管新规下的企业的专利价值（PatVal）基本上高于反事实情况下的专利经济价值（pred_BART），佐证了基准回归的结果。

表 5-6　　　　　　　　基于 BART 模型的政策处理效应评估

变量	τ 均值	t	P > |t|	［99% interval］	
ATE_{t1}	0. 121 ***	21. 22	0. 000	0. 106	0. 135
ATE_{t2}	- 0. 128 ***	- 17. 23	0. 000	- 0. 139	- 0. 103

注：*** 表示双尾 t 检验在 1% 水平下显著。

5.5　异质性分析

不同性质的企业对于资管新规的响应存在一定的异质性。本节主要探索哪些因素会导致响应的异质性。

5.5.1　产权性质（SOE）

由于存在预算软约束及政府的隐性担保，国有企业相较于非国有企业可以获得更多的信贷资源，但缺乏足够的投资项目（韩珣和李建军，2020；李青原等，2022），因而有大量的闲置资金。为了追逐利润，国有企业会通过投资金融化产品消化闲置资金。而资管新规严格限制影子银行业务，从而抑制国有企业的金融化程度。创新在中国现代化高质量发展中起着至关重要的作用，国有企业失去重要的利润来源，又需肩担重任，因而可能会将投资金融化产品的资金挤出至企业研发投入（喻子秦和肖翔，2023），从而提升企业专利的经济价值。因此，本小节预期资管新规的实施对国有企业的创新质量有更强的影响。

本小节根据企业的产权性质将企业划分为国有企业和非国有企业，若样本为国有企业，则 SOE 取值为 1；若为非国有企业，则 SOE 取值为 0。如表 5 - 8 第（1）列和第（2）列所示，国有企业（SOE = 1）的双重差分项在 1% 的水平下显著为正，而非国有企业（SOE = 0）则只在 10% 的水平下显著为正。本小节同样基于 BART 模型的拟合结果，根据企业的产权性质进行划分，并对其进行双尾 T 检验。结果如表 5 - 7 最后两行所示，资管新规对不同产权性质企业的创新影响在 1% 的水平下存在显著性差异（t 值为3.92），验证了前述对于不同产权性质的企业异质性响应的预期结果。这表明，资管新规实施后，相较于非国有企业，国有企业将更多地释放金融资产挤占的资金而增加其研发投入，提高了专利的经济价值。

表 5 - 7　　　　　　　　　　　产权性质异质性检验

变量	（1）	（2）
	SOE = 1	SOE = 0
	PatVal	PatVal
Post × PreFin	0.681 ***	0.300 *
	(4.47)	(2.49)
控制变量	是	是
固定效应	是	是
样本量	6 397	8 326
调整 R^2	0.759	0.771
系数差异值	0.381	
BART 模型检验	t = 3.92 ***	

注：*** 、* 分别表示在 1% 、10% 的水平下显著，括号中的数字为双尾检验的 t 值。

5.5.2　内部控制（IC）

有效的内部控制可以规范企业创新项目的整体流程，防止由于盲目立项、资源错配、成果泄露而导致的企业创新受阻，即起到抑制违规操作（方红星和金玉娜，2013）、降低代理成本（张国清等，2015）和预防风险的作用（马永强和路媛媛，2019）。此外，企业的内部控制是否有效也在一定程度上影响企业融资。内控有效的企业往往其会计稳健性也会更优（Mitra et al.，2013），能够抑制管理者隐藏坏消息的倾向，这有助于缓解企业与投资者之间的信息不对称（叶康涛等，2015），使其更加具有融资优势。

本小节参考国泰安数据库（CSAMR）中企业内部控制数据，根据企业的内部控制是否有效，将企业划分为内部控制有效企业和内部控制无效企业。若样本为内部控制有效企业，IC 取值为 1；否则，IC 取值为 0。如表 5-8 第（1）列和第（2）列所示，内部控制有效企业（IC=1）的双重差分项在 1% 的水平下显著为正，而内部控制无效企业（IC=0）的双重差分项在 10% 的水平下显著为负。本章同样用 BART 的拟合结果，根据企业的内部控制有效性进行划分，并对其进行双尾 T 检验。结果如表 5-8 最后两行所示，资管新规对不同内部控制有效性企业的创新影响在 10% 的水平下存在显著性差异，验证了异质性回归分析结果。这表明，资管新规实施后，内控有效的企业能够凭借自身良好的内部控制质量和会计信息质量，获得更多的资金，更有效地提高创新水平。因此，企业要加强内部控制质量，强化内部控制和自我监管，提高自身的会计信息质量，降低与投资者之间的信息不对称程度，才能获得更充足资金支持，促进自身的研发创新。

表 5-8　　　　　　　　　　内部控制异质性检验

变量	（1）	（2）
	IC = 1	IC = 0
	PatVal	PatVal
Post × PreFin	0.554 ***	- 1.250 *
	(5.65)	(- 2.37)
控制变量	是	是
固定效应	是	是
样本量	14 679	249
调整 R^2	0.768	0.824
系数差异值	1.804	
BART 模型检验	t = 1.68 *	

注：***、* 分别表示在 1%、10% 的水平下显著，括号中的数字为双尾检验的 t 值。

5.5.3　高管金融背景（FC）

杜勇等（2019）发现，具有金融背景的高管将显著提高企业金融化水平，一方面有更强的投资选择能力和风险承受能力，另一方面可以通过其在金融圈的资源为企业获取更多的金融投资机会。同时，具有金融背景的高管也更善于解读和运用金融监管政策，运用其专业知识和技能优势，借助更多创新性的金融支持方式与信贷业务，引导企业的投融资行为。

本章根据资管新规实施前一期末，即 2017 年末企业高管团队中是否至少有 1 名成员具有金融背景进行划分。若 2017 年末，企业高管存在至少1 人具有金融背景，则 FC 的取值为 1；否则，FC 的取值为 0。如表 5 - 9第（1）列和第（2）列所示，高管具有金融背景的企业（FC = 1）的双重差分项在 5% 的水平下显著为正，高管没有金融背景的企业（FC = 0）双重差分项系数不显著。本章同样用 BART 的拟合结果，根据 2017 年末企业高管团队是否具有金融背景进行划分，并对其进行双尾 T 检验。结果如表 5 - 9最后两行所示，资管新规对高管团队是否具有金融背景的企业的创新影响在5% 的水平下存在显著性差异，验证了异质性回归分析结果。这表明，在资管新规实施的背景下，具有金融背景的高管可以更好地解读政策内涵，把握监管动态，引导企业的投融资行为，促进企业创新。因此，企业的高管团队需要积极提高金融知识水平，优化团队结构，这样才能更好地顺应国家颁布的相关金融政策，做出适时的调整，顺势而行。

表 5 - 9　　　　　　　　　　　高管金融背景异质性检验

变量	（1）	（2）
	FC = 1	FC = 0
	PatVal	PatVal
Post × PreFin	0. 547 ***	0. 172
	(5. 00)	(0. 93)
控制变量	是	是
固定效应	是	是
样本量	10 547	4 603
调整 R^2	0. 759	0. 806
系数差异值	0. 375	
BART 模型检验	t = 2. 37 *	

注：*** 表示在 1% 的水平下显著，括号中的数字为双尾检验的 t 值。

5.5.4　企业规模（Size）

一般而言，规模较大的企业信用风险较低，外部融资成本也就越低，因而更容易获得资金支持（张晓磊和徐林萍，2020）。其次，规模越大的企业所产生的"规模经济"效应可以降低企业的创新成本（杨浩昌等，2020），促进企业持续研发。此外，企业规模越大，其拥有的各项创新资源也更加丰富，可以打破创新资源壁垒，促进企业创新（韩峰等，2021）。

本章根据企业总资产规模将企业划分为大规模企业及中小企业。若企业期末总资产大于年度行业资产中位数，则属于大规模企业，Size 取值为 1；否则，则为中小企业，Size 取值为 0。如表 5 – 10 第（1）列和第（2）列所示，大规模企业（Size = 1）的双重差分项在 1% 的水平下显著为正，中小企业（Size = 0）双重差分项系数不显著。本章同样用 BART 的拟合结果，根据企业期末总资产对企业规模进行划分，并对其进行双尾 T 检验。结果如表 5 – 10 最后两行所示，资管新规对企业规模不同的企业的创新影响在 5% 的水平下存在显著性差异，验证了异质性回归分析结果。这表明，在资管新规实施后，大规模企业可以依托其信用优势、资源优势、规模经济效应获得更多的资金支持，从而更多地增加研发投入，提升企业的专利价值。因此，对于企业来说，不仅要进行内生式的扩张，实现利润积累，更要稳中求进，拓展外延式发展，通过战略联盟、并购融资等方式扩大企业规模，提高企业创新性。

表 5 – 10　　　　　　　　　　　企业规模异质性检验

变量	（1）	（2）
	Size = 1	Size = 0
	PatVal	PatVal
Post × PreFin	0.850 ***	0.137
	(5.72)	(1.05)
控制变量	是	是
固定效应	是	是
样本量	9 573	5 364
调整 R²	0.741	0.824
系数差异值	0.713	
BART 模型检验	t = 17.48 ***	

注：*** 表示在 1% 的水平下显著，括号中的数字为双尾检验的 t 值。

5.5.5　行业竞争程度（PMC）

行业竞争可以通过竞争淘汰、标杆对标的方式监督企业管理层，降低其机会主义行为，是企业重要的外部治理机制（杨婧和许晨曦，2020）。处于低竞争程度行业的企业，缺乏足够的外部监督，信息不透明程度较高，管理层容易滋生机会主义行为，追逐利润而挤出创新资金以投资金融化产品。

参照滕飞等（2016）、喻子秦和肖翔（2023）的研究，本章选择赫芬达尔—赫希曼指数（HHI）衡量企业行业竞争程度（PMC）。将 HHI 大于年度中位数的行业视为低竞争行业，PMC 取值为 1，否则为高竞争行业，PMC 取值为 0。如表 5-11 第（1）列和第（2）列所示，低竞争行业企业（PMC=1）的双重差分项在 1% 的水平下显著为正，高竞争行业企业（PMC=0）双重差分项系数不显著。本章同样用 BART 的拟合结果，根据赫芬达尔—赫希曼指数对企业所在行业的竞争程度进行划分，并对其进行双尾 T 检验。结果如表 5-11 最后两行所示，资管新规对所在行业竞争程度不同的企业的创新影响在 1% 的水平下存在显著性差异，验证了异质性回归分析结果。这表明，对于低竞争行业的企业而言，资管新规能补充市场竞争的治理作用，加强外部治理力度，使资源流回企业研发投入中，促进企业创新。

表 5-11　　　　　　　　行业竞争异质性检验

变量	（1）	（2）
	PMC=1	PMC=0
	PatVal	PatVal
Post × PreFin	0.605 ***	0.163
	(4.00)	(1.32)
控制变量	是	是
固定效应	是	是
样本量	7 408	7 480
调整 R²	0.757	0.858
系数差异值	0.442	
BART 模型检验	t = 15.27 ***	

注：*** 表示在 1% 的水平下显著，括号中的数字为双尾检验的 t 值。

5.6　进一步研究

本节立足于基准模型的结果，致力于挖掘背后的主要影响因素。具体而言，根据文献回顾的梳理，资管新规的实施会对企业专利的经济价值产生积极和消极两方面的影响。基准模型实质上提供了净效应的估计，但是我们更感兴趣的是背后两种机制是否都有影响？如果是，那么两种机制分别带来的影响程度有多大？为此，本节将考虑背后的机制检验。

5.6.1　单中介三步法原理介绍

根据今井耕介等（2010）提出的基于因果推断的中介效应理论框架，将平均处理效应（average treatment effect，ATE）拆分成将平均直接效应（average direct effect，ADE）和平均因果中介效应（average causal mediation effect，ACME）。具体而言，考虑样本（X_i，M_i，Z_i，Y_i），其中 X_i 为二元处理变量，$X_i = 1$（$X_i = 0$）意味着个体 i 接受（不接受）处理，M_i 为中介变量，Z_i 表示观察到的混杂因子，Y_i 表示结果变量。$M_i(x)$ 表示在处理状态 $X_i = x$ 下个体 i 的中介潜在值，用 $Y_i(x,m)$ 表示个体 i 在 $X_i = x$ 且 $M_i = m$ 时的潜在结果，可观测的结果变量为 $Y_i = Y_i(X_i, M_i(X_i))$，处理变量 X_i 对 Y_i 的总处理效应由两部分构成：一部分是 M_i 对 Y_i 的直接影响，与中介 M_i 无关，称为直接效应；另一部分是 X_i 通过改变中介变量 M_i 再影响 Y_i 的间接效果，即因果中介效应。具体表达式如下。

因果中介效应：

$$\delta_i(x) = Y_i(x, M_i(1)) - Y_i(x, M_i(0)) \qquad (5-8)$$

直接效应：

$$\zeta_i(x) = Y_i(1, M_i(x)) - Y_i(0, M_i(x)) \qquad (5-9)$$

总效应：

$$\tau_i = \delta_i(x) + \zeta_i(1-x) \qquad (5-10)$$

平均因果中介效应：

$$\overline{\delta}(x) = E(Y_i(x, M_i(1)) - Y_i(x, M_i(0))), \quad x = 0,1 \qquad (5-11)$$

上面的定义隐含地假设潜在结果仅取决于处理变量和中介变量的值，而不取决于它们是如何实现的。也就是说，潜在结果 $Y_i = Y_i(X_i, M_i(X_i))$ 只受到 X_i 和 M_i 的值的影响，而不关心 M_i 的变化是因为 X_i 还是其他因素。今井耕介等（2010）还证明，在顺序可忽略性假设满足的特定情况下，平均因果中介效应（ACME）是非参数可识别的。

上述的因果中介效应识别机制可以具体表现为巴伦和肯尼（Baron & Kenny，1986）最早提出的线性结构方程模型：

$$Y_i = \alpha_1 + \beta_1 X_i + c_1 Z_i + \varepsilon_{i1} \qquad (5-12)$$

$$M_i = \alpha_2 + \beta_2 X_i + c_2 Z_i + \varepsilon_{i2} \qquad (5-13)$$

$$Y_i = \alpha_3 + \beta_3 X_i + \gamma M_i + c_3 Z_i + \varepsilon_{i3} \qquad (5-14)$$

此时，平均因果效应（ACME）可被识别为 $\overline{\delta}(0) = \overline{\delta}(1) = \beta_2 \gamma$，平均直接效应（ADE）为 $\overline{\zeta}(0) = \overline{\zeta}(1) = \beta_3$，平均总处理效应为 $\overline{\tau} = \beta_3 + \beta_2 \gamma$。因此，基于三步方程得到的 OLS 估计系数 $\hat{\beta}_2$ 和 $\hat{\gamma}$ 的乘积，就是因果中介效应 $\hat{\delta}(x)$ 的一致估计，即 $\hat{\delta}(x) = \hat{\beta}_2 \hat{\gamma}$。

5.6.2　机制分解

接下来，本小节将分别考察资管新规对两个机制变量（金融投资和融资约束）的影响。根据前面的分析，资管新规的实施会抑制企业的金融投资程度，将资金挤出至研发创新，增加企业专利的经济价值。为了验证这一机制，本小节考虑了如下模型：

$$PatVal_{i,t} = \alpha_1 + \beta_1 Post \times PreFin_{i,t} + c_1' X_{i,t} + \mu_i + \lambda_t + \varepsilon_{i,t} \qquad (5-15)$$

$$FinAssets_{i,t} = \alpha_2 + \beta_2 Post \times PreFin_{i,t} + c_2' X_{i,t} + \mu_i + \lambda_t + \varepsilon_{i,t} \qquad (5-16)$$

$$PatVal_{i,t} = \alpha_3 + \beta_3 Post \times PreFin_{i,t} + \gamma FinAssets_{i,t} + c_3' X_{i,t} + \mu_i + \lambda_t + \varepsilon_{i,t}$$

$$(5-17)$$

其中，$FinAsset_{i,t}$ 表示 i 企业第 t 年持有的金融资产规模，其度量方式同模型（5-1），但取的是各期期末实际的金融资产规模，其他变量同模型（5-1）。回归结果如表 5-12 所示，资管新规实施后，金融投资对企业创新的平均因果效应（ACME）为 0.098，平均直接效应（ADE）为 0.429，平均总处理效应 $\bar{\tau}$ 为 0.527。

表 5-12 　　　　　　　　资管新规机制检验：挤出金融投资

变量	(1)	(2)	(3)
	PatVal	FinAssets	PatVal
Post × PreFin	0.527 ***	− 0.322 ***	0.429 ***
	(5.53)	(−15.41)	(4.45)
FinAssets			− 0.305 ***
			(−5.16)
控制变量	是	是	是
固定效应	是	是	是
样本量	15 153	15 153	15 153
调整 R^2	0.770	0.576	0.770

注：*** 表示在 1% 的水平下显著，括号中的数字为双尾检验的 t 值。

根据前面的分析，资管新规的实施也会加剧企业的融资约束进而降低企业专利的经济价值。为了验证这一机制，本章与前面一样，考虑了如下模型：

$$PatVal_{i,t} = \alpha_1 + \beta_1 Post \times PreFin_{i,t} + c_1' X_{i,t} + \mu_i + \lambda_t + \varepsilon_{i,t} \qquad (5-18)$$

$$SA_{i,t} = \alpha_2 + \beta_2 Post \times PreFin_{i,t} + c_2' X_{i,t} + \mu_i + \lambda_t + \varepsilon_{i,t} \qquad (5-19)$$

$$PatVal_{i,t} = \alpha_3 + \beta_3 Post \times PreFin_{i,t} + \gamma SA_{i,t} + c_3' X_{i,t} + \mu_i + \lambda_t + \varepsilon_{i,t}$$

$$(5-20)$$

其中，$SA_{i,t}$ 为 t 企业第 i 年的融资约束 SA 指数，具体定义为：

$$SA = |-0.737 \times Size + 0.043 \times Size^2 - 0.04 \times Age| \qquad (5-21)$$

其他变量同模型（5-1）。回归结果如表 5-13 所示，资管新规实施后，融资约束 SA 对企业创新的平均因果效应（ACME）为 − 0.0073，平均直接效应（ADE）为 0.548，平均总处理效应 $\bar{\tau}$ 为 0.567。

表 5 – 13　　　　　　　　　资管新规机制检验：加剧融资约束

变量	(1)	(2)	(1)
	PatVal	SA	PatVal
Post × PreFin	0.527 ***	0.026 ***	0.575 ***
	(5.53)	(2.79)	(6.02)
SA			− 0.282 ***
			(− 3.18)
控制变量	是	是	是
固定效应	是	是	是
样本量	15 153	15 153	15 153
调整 R^2	0.770	0.974	0.763

注：*** 表示在1%的水平下显著，括号中的数字为双尾检验的 t 值。

5.6.3　遗漏变量问题

虽然现有文献大多依赖逐步检验法进行中介分析，但江艇（2022）认为，逐步检验法可能会存在由于遗漏中介变量（M）而产生内生性问题。因此，本章采用今井耕介等（2010）的敏感性分析与 Rubin 因果分析框架下的因果路径分析解决遗漏变量问题。

首先是敏感性分析。为评估未测量到的遗漏变量会在多大程度上扭曲中介效应的估计效果，本章引入今井耕介等（2010）的敏感性分析，核心是基于 LSEM 框架下判断式中的 ε_{i2} 和 ε_{i3} 的相关程度，即敏感性参数定义为这两个误差项的相关系数，具体表达式如下：

$$\rho = \mathrm{Corr}(\varepsilon_{i2}, \varepsilon_{i3}) \tag{5 – 22}$$

其中，$-1 \leqslant \rho \leqslant 1$，$|\rho|$ 度量了因遗漏变量而导致的内生性强度。$|\rho|$ 越大，说明内生性越强，中介效应估计值与真实值偏差较大。当 $\rho = 0$ 时，不存在内生性问题，即逐步检验法得到的中介效应为一致估计值。当 $\rho \neq 0$ 时，根据今井耕介等（2010）推断出的基于敏感性参数 ρ 的经修正的平均因果中介效应为：

$$\bar{\delta}_r = \frac{\beta_2 \sigma_1}{\sigma_2} \left(\tilde{\rho} - \rho \sqrt{(1 - \tilde{\rho}^2)/(1 - \rho^2)} \right) \tag{5 – 23}$$

其中，σ_1 和 σ_2 分别代表 ε_{i1} 和 ε_{i2} 的标准差，即 $\sigma_j^2 = Var(\varepsilon_{ij})$，$j = 1,2$，$\tilde{\rho} = Corr(\varepsilon_{i1}，\varepsilon_{i2})$ 则代表两者的相关系数。

基于上述分析，本章采用敏感性分析对金融投资（FinAssets）、融资约束（SA）所得到的中介效应进行检验。结果如表 5 - 14 所示，两个影响机制的敏感性参数均小于 0.000，说明中介效应模型中即便存在遗漏变量，其带来的扭曲效应也影响不大，因此，遗漏变量所造成的内生性问题不会对前面所识别的中介效应产生严重的偏误影响。

表 5 - 14　　　　　　　　　　中介效应检验：敏感性分析

(1)	(2)	(3)
影响机制	中介效应模型	敏感性参数（ρ）
金融投资 （FinAssets）	$FinAssets_{i,t} = \alpha_2 + \beta_2 Post \times PreFin_{i,t} + c_2' X_{i,t} + \mu_i + \lambda_t + \varepsilon_{i,t}$ $PatVal_{i,t} = \alpha_3 + \beta_3 Post \times PreFin_{i,t} + \gamma FinAssets_{i,t} + c_3' X_{i,t} + \mu_i + \lambda_t + \varepsilon_{i,t}$	0.0000
融资约束 （SA）	$SA_{i,t} = \alpha_2 + \beta_2 Post \times PreFin_{i,t} + c_2' X_{i,t} + \mu_i + \lambda_t + \varepsilon_{i,t}$ $PatVal_{i,t} = \alpha_3 + \beta_3 Post \times PreFin_{i,t} + \gamma SA_{i,t} + c_3' X_{i,t} + \mu_i + \lambda_t + \varepsilon_{i,t}$	- 0.0000

5.6.4　因果路径分析

为了比较抑制金融化、增加融资约束两种机制的相对强弱，同时避免中介分析的内生性问题，依据周翔（Zhou，2022）、周翔和山本铁平（Zhou & Yamamoto，2020）的做法，本章将平均处理效应进一步分解如下：

$$
\begin{aligned}
ATE &= \mathbb{E}\left[Y(1, M_1(1), M_2(1, M_1(1))) - Y(0, M_1(0), M_2(0, M_1(0))) \right] \\
&= \mathbb{E}\left[Y(1, M_1(0), M_2(0, M_1(0))) - Y(0, M_1(0), M_2(0, M_1(0))) \right] \quad ① \\
&+ \mathbb{E}\left[Y(1, M_1(0), M_2(1, M_1(0))) - Y(1, M_1(0), M_2(0, M_1(0))) \right] \quad ② \\
&+ \mathbb{E}\left[Y(1, M_1(1), M_2(1, M_1(1))) - Y(1, M_1(0), M_2(1, M_1(0))) \right] \quad ③
\end{aligned}
$$

$$(5 - 24)$$

其中，第①项为自变量 X 对因变量 Y 的直接效应；第②项为非链式中介效应，即自变量 X 经由中介变量 M_2 对因变量 Y 产生的直接影响；第③项为链式中介效应，包含自变量 X 经由中介变量 M_1 对因变量 Y 产生的直接影响和通过 M_1 影响 M_2，从而间接影响因变量 Y 的复合效应。

　　根据上述思路，资管新规对企业创新的多机制因果路径分析结果如表 5 – 15 所示。结果表明，与前面逐步检验法结论一致，资管新规对企业创新的平均总效应、直接效应、非链式中介效应和链式中介效应均在 1% 水平下显著。此外，本章发现，资管新规主要通过抑制企业金融投资的方式促进企业创新，占平均总效应的 87.34%，但由于也会导致企业的融资约束上升而抑制企业创新，负面效应占平均总效应的 – 44.62%。因此，抑制金融投资的机制占主导地位，大约是融资约束机制的 2 倍，整体而言提高了企业的专利经济价值。

表 5 – 15　　　　　　　　融资约束与金融投资的因果路径检验

项目	估计值	置信区间	占比（%）
平均处理效应（ATE）	0.316 ***	[0.214, 0.564]	100
Post × PreFin→FinAssets→PatVal	0.276 ***	[0.172, 0.395]	87.34
Post × PreFin→SA→PatVal	– 0.141 ***	[– 0.273, – 0.067]	– 44.62
Direct Effect（Post × PreFin→PatVal）	0.181 ***	[0.106, 0.443]	57.28

　　注：*** 表示双尾 t 检验在 1% 水平下显著。

5.7　本章小结

　　本章选取国内首个统一的金融强监管政策——资管新规作为准自然实验对象，检验了资管新规对企业创新的影响。研究发现，资管新规实施后，企业申请的专利经济价值显著增加。资管新规通过强化对资管业务的管理，限制资金池活动，严格监管企业参与影子银行业务，抑制企业的金融投资，反向挤出企业资金至创新研发当中。但资管新规对企业研发创新并不全是正向作用。由于资管新规对影子银行业务的层层限制，使得企业难以从影子银行中获得资金，切断了企业的重要融资渠道，恶化了企业的融资约束，在一定程度上限制了企业创新。但二者相比，抑制金融投资的效应占据主导地位，因此，从净效应来看，资管新规促进了企业的专利经济价值。同时，本章基于机器学习的方法验证了上述结论。此外，进一步研究发现，这一效应在国有企业、内部控制有效的企业、高管具有金融背景的企业、公司规模较大的企业、行业竞争度较低的企业中更加显著。

本章的研究结论对于企业应如何在资管新规政策背景下推动自身创新发展具有重要启示。第一，企业不应过度陷入金融投资陷阱，追求短期的高额回报，而应立足于自身主营业务，顺应时代要求，提高自身高质量创新水平，推动现代化进程。第二，本章研究的结果认为，不同的企业禀赋会使得融资约束有所区别，因而企业要不断提高自身的信用等级，恪守社会契约精神，通过强化企业内部控制、积极经营主营业务等方式强化自身禀赋以得到更多的信贷支持，从而更好地促进企业创新。第三，企业的高管团队需要积极提高金融知识水平，优化团队结构，才能更好地顺应国家颁布的相关金融政策，做出适时的调整，顺势而行。

第 6 章

企业 ESG 表现与企业创新数量和质量

6.1 研究背景与意义

在全球化背景下，极端气候事件的频繁发生引起了国际社会对环境问题及其带来的严峻挑战的广泛关注。随着对这一问题认识的不断深入，可持续发展理念逐渐成为全球范围内的共识。在这一背景下，企业的环境、社会和公司治理（Environmental、Social、Governance，ESG）对可持续发展的影响越来越受到重视。2006 年，中国证券监督管理委员会发布了《上市公司治理准则》，明确要求上市公司在环境、社会和治理等方面积极履行社会责任。这一准则的发布标志着中国在推动企业社会责任方面迈出了重要一步，为后续相关政策的制定奠定了基础。2012 年，中国证监会进一步颁布了《公开发行证券的公司信息披露编报规则》，要求上市公司在信息披露中充分披露企业的环境、社会和公司治理情况，包括环保措施、产品质量、劳动用工、消费者权益保护、反腐败和公司治理等方面。同时，中国政府出台了一系列政策文件和指导意见，如《企业社会责任报告编制指南》《企业社会责任管理体系指南》，这些文件和指南在推动中国企业 ESG 表现提升方面发挥了积极作用，不仅提高了上市公司的透明度，而且促进了企业在 ESG 方面的自我提升。正如宋科等（2022）指出的，ESG 理念的推广对于推动企业在环境责任、社会责任和治理结构方面的改进具有重要作用。

尽管现有文献已经广泛探讨了 ESG 活动对企业业绩、企业价值和财务决策的影响，但对 ESG 如何影响企业创新策略的研究还相对较少。本章认为，

ESG 活动可能通过改变企业的技术创新策略、提高企业创新质量等方式，促进企业的可持续发展。为了深入分析这一问题，本章采用面板数据固定效应回归模型，以企业所获华证 ESG 评级为解释变量，实证分析其对企业创新决策的影响。面板数据模型能够控制不随时间变化的不可观测异质性，固定效应回归则能够控制不随个体变化的时间效应，从而更准确地估计 ESG 评级对企业创新决策的影响。通过识别 ESG 活动与创新决策之间的因果关系及其作用机制，本章旨在为学界和业界提供更深入的理解，指导企业的技术创新实践。

本章的主要贡献在于以下几点。第一，对企业 ESG 表现与创新决策的关系这一研究领域进行了补充，为相关学术研究提供了新的视角和理论框架，具有一定参考意义。第二，通过识别 ESG 表现与技术创新的因果关系及其背后的作用机制，从多个角度考虑了其内在关系，增进了学界和企业对 ESG 活动实际影响的理解，有助于企业在可持续发展与创新之间寻找平衡点，并为企业未来的发展提供指导意见。第三，探究了 ESG 评级对企业创新决策的影响，为企业的创新战略决策提供了建议。第四，为投资者、企业管理者和政策制定者等利益相关方提供了有益的参考和建议，以促进企业的可持续发展，最终使社会受益。

6.2 文献回顾与研究假说

6.2.1 企业 ESG 评级与企业创新

现有文献已经讨论了企业 ESG 评级不仅能够影响企业的财务绩效（王双进等，2022），更能够提升企业的创新绩效。舒艾比等（Chouaibi et al.，2021）发现，创新在 ESG 与企业财务之间的关系存在着中介效应，即 ESG 通过促进企业创新来改善企业的财务绩效。究其原因，企业为了提高环境责任评分，会致力于新产品的研发，从而促进其技术创新（卢洪友等，2019）。沿着上述理论机制，近年来的研究表明，企业的 ESG 表现可以显著地提高企业创新产出，对企业的专利申请和授权数量具有显著的积极影响（方先明和胡丁，2023；Hao & He，2022）。

此外，企业通过履行社会责任，可以更好地适应不断变化的市场需求和法律规定，从而提高企业的声誉形象和品牌价值，吸引投资者和客户，为融资和销售创造更多机会，进而提高企业的竞争力和市场占有率，提升利润额及融资额，以有更多的资金用于企业创新。休斯敦和单宏宇（Houston & Shan，2022）研究发现，银行等信贷机构越来越关注借款人的 ESG 表现，尤其是当借款人的 ESG 表现与自己更接近时，更能够吸引信贷机构的青睐。由此可见，ESG 表现越突出的企业，其获取正规融资的能力越强，从而有更多的资金投入创新当中。与此同时，由于企业创新是信息不对称程度较高的公司行为。从投资者的角度看，当公司财务报表所反映的信息含量不足时，投资者倾向于更多地关注 ESG 表现（Ng & Rezaee，2020）。作为非财务信息的重要组成部分，ESG 信息披露是企业与其利益相关者之间的桥梁，能够有效地缓解企业债务积压（debt overhang）和投资不足等问题（Asimakopoulos et al.，2023）。

企业通过优化公司内部治理，提高其透明度及风险管理，有助于激励员工积极性，从而促进创新。冯根福和温军（2008）、鲁桐和党印（2014）等关注公司治理与企业创新之间关系的研究均指出，良好的公司治理能力将提升企业的技术创新水平。一方面，ESG 表现会吸引机构投资者，进而强化公司治理结构。正如曹杰等（Cao et al.，2023）所指出的，机构投资者往往更倾向于关注企业的 ESG 表现。机构投资者更愿意参与公司的内部治理当中，从而加强对高管不当行为的监督（卿小权等，2023）。另一方面，在管理层面，ESG 有助于防止管理欺诈和改善公司治理。何枫等（He et al.，2022）的研究也发现，企业 ESG 表现良好会引发分析人员注意，这会促使经理人自律，从而反过来促进公司内部治理，进而促进企业创新。

综合来看，企业在环境、社会、公司治理的表现，不仅可以引导企业创新决策，促进企业创新，而且是一种可持续发展的重要策略，能够提高企业的创新决策能力，促进企业的创新绩效。基于此，本章提出以下研究假设。

H6-1：在其他条件不变的情况下，ESG 表现可以促进企业创新。

6.2.2　ESG 表现与企业人才结构

首先，企业在 ESG 评级上的优异表现，不仅体现了其在环境、社会和治理方面的责任和成就，而且对企业的人才战略和创新能力产生了深远的影响。ESG 评级较高的企业通常更能够吸引和留住人才，这是因为它们不仅提供了更加宽容和支持性的创新环境，而且还塑造了一种负责任的社会形象，这有助于满足员工的自我价值实现需求。方先明和胡丁（2023）指出，这种环境和形象能够激励员工突破现有思维框架，进而取得突破性的成果。

其次，具有 ESG 优势的企业往往通过各种员工持股计划或其他激励手段，使员工能够分享到创新带来的超额收益。常鑫等（Chang et al.，2015）和孟庆斌等（2019）的研究表明，对于员工更为友好的企业政策不仅推动了员工与企业的利益趋向一致，而且显著提升了员工的创新积极性。因此，总体而言，ESG 表现较好的企业往往拥有更高学历水平的员工，这些员工的知识和技能是企业创新活动的重要基础。

再次，人才的学历结构对企业创新能力具有至关重要的影响。姚先国和张海峰（2008）的研究发现，劳动力教育程度的提高对地区经济增长有显著的积极影响。程虹等（2016）的研究也发现，企业员工平均受教育年限与其企业的绩效存在显著正相关关系。王珏和祝继高（2018）的研究进一步发现，高学历员工相比低学历员工可以更有效地促进企业的创新产出。维基纳和里卡博尼（Verginer & Riccaboni，2021）认为，吸引和留住人才的政策可以为创新和经济增长带来巨大的好处。人才结构的不同组成，对于企业的创新能力、创新效率和创新成果有着直接的影响。罗默（Romer，1990）和豪伊特（Howitt，1999）指出，知识员工是推进技术创新的必要因素。高水平员工对企业的认同也有助于提高企业内部的分工协作效率，提升企业人力水平（Tsang et al.，2021）。在具体实践中，人才结构的优化需要考虑到不同类型人才的需求和特点，将不同领域的人才进行组合，搭建具有协同效应的人才团队。这样的团队结构能够显著提升企业的创新能力。高素质员工比例越多、受教育程度越高，企业就越容易接受外部知识（Ayyagari et al.，2011）。通常情况下，拥有更高比例高学历人才的企业会作出更好的创新决策，并产生更多的创新成果。

最后，ESG 评级较高的企业往往更加重视员工的持续教育和发展，通过提供培训和发展机会，不断提高员工的专业技能和创新能力。这种投资不仅有助于提升员工的满意度和忠诚度，而且为企业带来了长期的创新潜力和竞争优势（毛其淋和王玥清，2023）。通过这种方式，企业能够建立起一个强大的知识库，这个知识库是推动企业持续创新和适应市场环境快速变化的关键。同时，ESG 评级较高的企业在招聘过程中也更加注重人才的多样性和包容性。这种多样性不仅包括性别、年龄和文化背景，还包括不同学科和专业领域的知识。因此，多元化的人才结构能够为企业带来更广阔的视角和更丰富的创新思维，有助于企业在面对复杂和多变的创新挑战时，能够快速地调整和适应。

综上所述，ESG 评级较高的企业在人才战略和创新能力方面具有显著的优势。通过吸引和留住高学历人才、优化人才结构、提供持续教育和发展机会、重视人才多样性和包容性，以及建立开放的创新合作网络，这些企业能够建立起强大的创新能力和竞争优势。这些优势不仅有助于企业实现长期的可持续发展，而且对于整个社会的技术进步和经济增长也具有重要的推动作用。基于此，本章提出以下研究假设。

H6 - 2：在其他条件不变的情况下，企业 ESG 评级与员工学历水平正相关。

6.2.3　ESG 表现与企业融资成本

一方面，ESG 评级较高的企业通常更能得到投资者、金融机构及银行的认可，从而获得更低的融资成本。根据信号传递理论，当企业传递的不同类别的信息内容相符时，其信号可信度更高。既有研究发现，企业的 ESG 表现有助于提高企业信息透明度，降低企业与外部投资者、金融机构间的信息不对称（方先明和胡丁，2023）。甄红线和王三法（2021）研究发现，企业积极承担社会责任而参与扶贫项目，有利于降低信息不对称和规避企业风险，进而提高信息透明度。因此，提高 ESG 评级是企业降低其资金使用成本的重要手段。此外，ESG 评级较高的企业往往拥有更为健全的公司治理结构，这有助于提高企业的决策质量和效率，从而降低融资成本。良好的公司治理能够确保企业决策过程中的利益相关者，包括股东、债权人和其他利益相关者的利益得到妥善平衡，减少代理成本，并提高企业的整体信誉（邱牧远和殷红，2019）。信誉的提升有助于企业在资本市场上获得更低的融资成本。

另一方面，企业融资成本也会对企业创新产生影响。融资成本是企业获取外部资金的重要成本之一，对企业的资金流动和创新投资产生重大影响。高融资成本会增加企业的财务风险和财务成本，削弱企业的创新投资能力，从而影响企业的创新能力和市场竞争力。李科和徐龙炳（2011）研究发现，潜在融资渠道的增加会引起公司融资约束减少，最终提高公司经营业绩。布朗等（Brown et al.，2009）和鞠晓生等（2013）发现，企业面临的融资约束越大，企业自身研发能力越弱。邱牧远和殷红（2019）发现，环境、社会责任和公司治理对企业的融资成本具有差异化影响。有关文献表明，企业创新很大程度上会受到融资约束程度的影响（鞠晓生等，2013；李增福和陈嘉滢，2023；Brown et al.，2009；Brown & Petersen，2011；Cornaggia et al.，2015；Hsu et al.，2014）。此外，企业融资约束越宽松、创新能力越弱时，其协同研发的意愿及支出均相对越高（周开国等，2017）。陈国进等（2021）在对经济政策的研究中也发现融资成本的降低能促进企业创新。综上所述，ESG 评级较高的企业在融资成本方面具有显著优势，这些优势有助于企业降低资金使用成本，增强创新投资能力，并在激烈的市场竞争中保持领先地位。基于此，本章提出以下研究假设。

H6–3：在其他条件不变的情况下，企业 ESG 评级与融资成本负相关。

6.2.4　ESG 表现与企业薪酬差距

一方面，为了保持 ESG 评级的高水平，企业往往需要更加重视公司治理和社会责任，包括透明度、合规性、员工福利等方面。在这种情况下，企业内部的薪酬差距可能会增大，因为企业需要给高管和核心员工提供更具竞争力的薪酬激励，以保持企业的可持续性发展。同时，这种高薪激励也有助于激励这些人才更加努力工作，从而带动企业的创新和绩效提升。胡拉姆等（Khurram et al.，2024）在研究中更是指出，企业 ESG 评级与内部薪酬差距之间存在"U"型关系，并且在 ESG 评级不高的时候其影响效应较缓慢，而 ESG 评级越过了某个临界点便会呈现显著的正相关关系。因此，在一定条件下，ESG 评分的提高会扩大企业内部薪酬差距。

另一方面，内部薪酬差距也可能对企业创新带来一定影响，但在不同情况下其影响不同。根据锦标赛理论，内部薪酬的差距扩大会对企业员工形成激励作用，进而促使企业创新。员工为了实现职级晋升而倾向于承担风险，从而对企业创新产生显著的激励效应（Goel & Thakor，2008）。这种风险承担激励效应会提升企业的研发密度，从而促进企业创新（Kini & Williams，2012）。杨薇和孔东民（2019）研究发现，薪酬差距水平较高的情况下，薪酬差距的增加显著吸引了更有可能进入企业中高层的高学历员工。孔东民等

（2017）研究发现，薪酬差距对创新产出存在正向影响，在薪酬差距水平较低的情况下，扩大薪酬差距显著提升了企业创新。另外，杨薇和孔东民（2019）还发现，薪酬差距提升了研究生和本科学历员工比例，促进了企业创新。基于此，本章提出以下研究假设。

H6 - 4：其他条件不变的情况下，企业ESG评级与薪酬差距正相关。

6.2.5　ESG表现与企业异质性技术创新

6.2.5.1　企业创新质量

探讨企业的ESG表现是否会影响其技术创新的质量是本章研究的重点所在。在企业技术创新中，创新的质量及影响力决定了其产品的市场竞争力和企业的发展潜力。然而，黎文靖和郑曼妮（2016）研究发现，受中国产业政策激励的企业，当年的专利申请显著增加，但只是非发明专利显著增加，追求"数量"而忽略"质量"。安同良等（2009）发现，企业通过简单的创新来获取政府补贴。霍尔和哈霍夫（Hall & Harhoff，2012）发现，企业片面地追求创新数量以获取更多的政府补助。因此，在技术创新中，企业应该更加注重质量创新的决策，以保证其创新技术的稳定性和可靠性，并且需要制定相应的质量管理体系和标准，以提高技术创新的成功率和效果，而不是一味地追求短期收益或政府补助。

但是，现有研究文献较少讨论ESG与专利技术质量之间的关系。一方面，正如现有文献所指出的，专利数量的爆炸式增长可能导致专利泡沫，这不会提高创新的实际质量（Boeing，2016）。企业的ESG表现与创新质量呈负相关。在美国国家经济研究局（National Bureau of Economic Research，NEBR）发表的工作论文上，科恩等（Cohen et al.，2020）实证发现了ESG表现较差的一些企业能生产出更多更高质量的创新。另一方面，也有部分学者指出，最新的研究发现，ESG绩效显著提高了以专利的技术门类宽度衡量的创新质量以及基于KPSS模型（见本书第3章）衡量的专利经济价值（Li & Li，2024）。综合前人的研究文献来看，企业的ESG表现与创新质量之间的关系并没有完全确定。因此，本章提出以下待检验假设，并利用上市公司的数据加以检验。

H6－5：在其他条件不变的情况下，ESG 评级与企业创新成果的质量正相关。

6.2.5.2　ESG 与合作创新决策

协同创新决策和开放性合作创新是企业在异质性技术创新中必须重视的另一个问题。在技术创新中，企业往往需要与其他企业、研究机构和专家进行合作，以获取更多的技术知识和资源。就协同创新来看，区域创新系统内部的企业、高校、科研机构等是创新的直接主体，而政府和金融中介等并不直接参与研发，其主要功能是对直接主体的研发活动予以支持，是创新的间接主体（白俊红等，2009；Hanley et al.，2022）。在直接主体间的协同方面，高等学校和科研院所作为知识创造、技术产生和人才培养的重要载体（Drejer & Jørgensen，2005）。在间接主体与直接主体的协同方面，政府可以通过发布相关信息、搭建协同创新平台等途径引导直接主体的创新行为（周开国等，2017）。创新主体通过相互之间产生、传播、渗透创新知识，并与环境之间的相互作用，实现区域创新体系的结构合理化以及与环境的协调，进而促进区域创新体系的能力提升，推动区域产业结构升级，形成区域竞争优势（杨省贵和顾新，2011；孙天阳和成丽红，2020）。

由此可见，企业选择更加开放的创新策略而非独立创新策略，并与各个主体进行合作显得尤为重要。因此，在异质性技术创新中，企业需要更加注重协同创新决策和开放性合作，以促进技术创新的共享和进步，并且需要建立相应的技术创新平台和合作机制，以加强企业间的合作和交流。基于此，本章提出以下假设。

H6－6：在其他条件不变的情况下，ESG 评级促使企业更倾向于协同创新决策。

6.3　研究设计

6.3.1　数据来源和样本选择

本章以我国2009～2021 年 A 股上市公司为研究样本，对样本按照以下顺序进行了筛选和处理：（1）剔除了金融业、PT、ST 和*ST 类样本；（2）剔除相关变量数据缺失的样本及总资产收益率为负的样本；（3）为了消除极值的影响，对主要连续变量进行了 1% 和 99% 的缩尾处理。最终得到了包含24 692 个样本观测值的非平衡面板数据。其中，ESG 数据采用华证 ESG 评价体系提供的评级结果，该数据来源于 Wind 数据库。专利申请数据来自国家知识产权局，包括企业专利独立申请数、合作申请数等。其他数据来自 CSMAR 数据库及同花顺数据库。

6.3.2　变量选择和定义

各变量的定义如表 6 - 1 所示。本章参考方先明和那晋领（2020）、陈德球等（2021）的做法，以企业当年专利申请数及当年发明专利申请数作为被解释变量衡量企业创新水平。同时，参考本书第 3 章的计算方式，采用专利的经济价值衡量创新质量。核心解释变量 ESG 评分参考谢红军和吕雪（2022）的做法，将华证 ESG 评级作为企业的 ESG 表现得分，其指标在区间内变动，该变量反映了上市公司 ESG 信息披露情况，得分越高，表明该企业的 ESG 表现越好。为了进行稳定性检验，引入研发投资占比作为备选被解释变量。

表 6 - 1　　　　　　　　　　　各变量及定义

		变量名	变量定义
被解释变量		专利申请	ln(专利申请数量 + 1)
		研发投资占比	研发投资额/资产总额
其他被解释变量	质量	专利引用	ln(引用数 + 1)
		专利经济价值	专利经济价值/资产总额
	协同	自主创新强度	ln(自主创新专利数 + 1)
		协同创新强度	ln(协同创新专利数 + 1)
		协同创新水平	协同创新强度/(自主创新强度 + 协同创新强度)
核心解释变量		ESG 评级	华证 ESG 评级

	变量名	变量定义
机制检验	学历水平	学历赋值：其他 = 1；专科 = 2；本科 = 3；研究生 = 4；博士生 = 5 学历值 = $\sum$ 学历赋值$_i$ × 学历员工数$_i$ 学历水平 = 学历值/员工总数
	融资成本 1	(财务费用/期末总负债) × 100
	融资成本 2	[(利息支出 + 手续费支出 + 其他财务费用)/期末总负债] × 100
	薪酬差距	Ln(总经理薪酬/人均薪酬)
控制变量	资产负债率	企业当年总负债/企业当年总资产
	总资产收益率	企业净利润/资产总额
	营业收入增长率	(营业收入/上年营业收入) − 1
	经营性现金流	经营活动产生的现金流量净额/企业总资产
	企业规模	ln(企业总资产/10^8 + 1)
	第一大股东持股比率	第一大股东持股份额占总股本的比例
	两职合一	董事长和总经理为同一人时取 1，否则取 0
	独立董事占比	独董数量与董事会之比
	企业价值	托宾 Q 值
工具变量	城市平均 ESG × 儒家文化氛围	城市平均 ESG = 企业所在城市当年 ESG 平均值 儒家文化氛围 = 城市内的私塾、书院及孔庙数之和

借鉴已有文献，本章引入的控制变量包括总资产收益率、资产负债率、营业收入增长率、经营性现金流、两职合一、独立董事占比、企业价值、企业规模、第一大股东持股比率（方先明和胡丁，2023）。具体定义如表 6 - 1 所示。随后，为了进行机制检验，引入变量学历水平、融资成本及薪酬差距。此外，为了探究 ESG 对企业创新质量和创新策略的影响，引入专利引用和专利的经济价值等两个变量以刻画企业的创新质量，引入自主创新强度、协同创新强度以及协同创新水平三个变量以刻画企业的技术创新策略。同时，本章也控制了个体、时间、行业、省份固定效应，以有效避免个体异质性、自身相关性和遗漏变量偏误，降低系数估计的偏误程度。最后，本章通过引入企业所在城市儒家文化氛围作为工具变量，以缓解潜在的内生性问题。

6.3.3 实证模型构建

首先，根据方先明和胡丁（2023）的做法，构建了以下基准回归模型：

$$Innovation_{i,t} = \alpha_0 + \alpha_1 ESG_{i,t} + \alpha_2 Control_{i,t} + \sum Firm_{i,t} + \sum Year_{i,t}$$
$$+ \sum Industry_{i,t} + \sum Province_{i,t} + \varepsilon_{it} \qquad (6-1)$$

其中，下标 i 和 t 分别表示企业和年份。Innovation 表示企业的创新产出，即专利申请总数和研发投资额等。ESG 为企业所获得的华证 ESG 评级。Control 为企业层面的控制变量。此外，我们还控制了企业固定效应、年份固定效应、行业固定效应和省份固定效应。最后，ε 表示随机扰动项。本章预期核心解释变量 ESG 的系数 $\alpha_1 > 0$，表示 ESG 评级越高，企业创新产出越多。

其次，机制检验模型。根据前面所述，本章考虑将企业员工学历水平、融资成本、内部薪酬差距作为被解释变量，构建 ESG 表现影响企业创新的三种机制检验模型：

$$Talent_{i,t} = \beta_0 + \beta_1 ESG_{i,t} + \beta_2 Control_{i,t} + \sum Firm_{i,t} + \sum Year_{i,t}$$
$$+ \sum Industry_{i,t} + \sum Province_{i,t} + \varepsilon_{it} \qquad (6-2)$$

$$COD_{i,t} = \gamma_0 + \gamma_1 ESG_{i,t} + \gamma_2 Control_{i,t} + \sum Firm_{i,t} + \sum Year_{i,t}$$
$$+ \sum Industry_{i,t} + \sum Province_{i,t} + \varepsilon_{it} \qquad (6-3)$$

$$IPG_{i,t} = \delta_0 + \delta_1 ESG_{i,t} + \delta_2 Control_{i,t} + \sum Firm_{i,t} + \sum Year_{i,t}$$
$$+ \sum Industry_{i,t} + \sum Province_{i,t} + \varepsilon_{it} \qquad (6-4)$$

其中，Talent、COD 和 IPG 分别代表了企业员工学历水平、融资成本和内容薪酬差距。其余变量如模型（6-1）所示。本章预期核心解释变量 ESG 的系数分别有 $\beta_1 > 0$、$\gamma_1 < 0$ 和 $\delta_1 > 0$。

最后，策略检验模型。本章以企业创新质量的代理指标（Quality）及企业创新策略的代理指标（Strategy）作为被解释变量以探究 ESG 对企业创新策略的影响，并构建以下模型：

$$\text{Quality}_{i,t} = \theta_0 + \theta_1 \text{ESG}_{i,t} + \theta_2 \text{Control}_{i,t} + \sum \text{Indivadual}_{i,t} + \sum \text{Year}_{i,t}$$
$$+ \sum \text{Industry}_{i,t} + \sum \text{Province}_{i,t} + \varepsilon_{it} \qquad (6-5)$$
$$\text{Strategy}_{i,t} = \mu_0 + \mu_1 \text{ESG}_{i,t} + \mu_2 \text{Control}_{i,t} + \sum \text{Indivadual}_{i,t} + \sum \text{Year}_{i,t}$$
$$+ \sum \text{Industry}_{i,t} + \sum \text{Province}_{i,t} + \varepsilon_{it} \qquad (6-6)$$

其余变量如模型（6-1）所示。本章预期核心解释变量 ESG 的系数分别有 $\theta_1 > 0$ 和 $\mu_1 > 0$。

6.4　实证结果与分析

6.4.1　描述性统计

表6-2中为样本公司各变量的描述性统计结果。其中，企业专利申请的平均值为1.671，最大值为5.864，最小值为0，说明不同企业之间专利申请数差距较大；企业 ESG 评分的均值为6.592，最大值为9，最小值为1，说明不同企业之间的 ESG 表现差距较大。

表6-2　　　　　　　　　　　　　描述性统计

变量	（1）样本数	（2）平均值	（3）标准差	（4）最小值	（5）最大值
ESG 评分	24 692	6.592	1.084	1	9
专利申请	24 692	1.671	1.615	0	5.864
专利经济价值占比	24 692	0.050	0.1102	0	0.393
总资产收益率	24 692	0.0526	0.0412	0.00002	0.212
资产负债率	24 692	0.421	0.198	0.0563	0.905
营业收入增长率	24 692	0.402	1.097	-0.780	9.192
经营性现金流	24 692	0.166	0.125	0.00690	0.693
两职合一	24 692	0.268	0.443	0	1
独立董事占比	24 692	0.378	0.0640	0.250	0.600

续表

变量	（1）	（2）	（3）	（4）	（5）
	样本数	平均值	标准差	最小值	最大值
企业价值	24 692	2.068	1.312	0.856	9.059
企业规模	24 692	3.936	1.263	0.982	7.663
第一大股东持股比率	24 692	0.352	0.150	0.0858	0.750

6.4.2　基准回归分析

表 6-3 为企业 ESG 评分对其创新绩效影响的回归结果。表 6-3 中各列的 ESG 系数都在 1% 的水平下显著为正，说明企业 ESG 表现与企业创新之间显著正相关，支持了 H6-1。其中第（1）列的系数为 0.043，这表明，ESG 评分每上升一个单位，企业专利申请的对数平均上升 0.043 个单位，即 ESG 评分的每个单位变化对企业专利申请的对数变化有 0.043 的正向影响。此外，为了排除相关外生因素的影响以降低误差，本章控制了研究期间可能存在的宏观经济波动或政策变化等因素、不同个体之间的差异、不同行业之间的差异及不同地区之间的差异对目标变量的影响，分别进行了固定效应回归。结果如表 6-3 的第（2）列至第（4）列所示，系数估计结果依旧稳定，H6-1 进一步得到支持。

表 6-3　　　　　　　　　　　　基准回归结果

变量	（1）	（2）	（3）	（4）
	专利申请	专利申请	专利申请	专利申请
ESG 评分	0.043 *** （3.933）	0.039 *** （3.655）	0.037 *** （3.508）	0.036 *** （3.356）
资产负债率	-0.354 *** （-3.758）	-0.084 （-0.871）	-0.090 （-0.945）	-0.092 （-0.971）
总资产收益率	-0.325 （-1.077）	0.110 （0.368）	0.353 （1.220）	0.300 （1.062）
营业收入增长率	0.007 （1.224）	0.007 （1.182）	0.004 （0.704）	0.004 （0.651）

变量	（1）专利申请	（2）专利申请	（3）专利申请	（4）专利申请
经营性现金流	-0.321*** （-3.322）	-0.116 （-1.207）	-0.104 （-1.091）	-0.103 （-1.089）
企业规模	0.152*** （7.031）	-0.001 （-0.023）	0.033 （1.048）	0.038 （1.205）
第一大股东持股比率	-0.315* （-1.833）	-0.141 （-0.834）	-0.115 （-0.701）	-0.111 （-0.683）
两职合一	-0.022 （-0.812）	-0.023 （-0.843）	-0.016 （-0.607）	-0.016 （-0.594）
独立董事占比	0.039 （0.288）	-0.022 （-0.167）	-0.024 （-0.181）	-0.019 （-0.144）
企业价值	-0.022*** （-2.807）	-0.016* （-1.721）	-0.018* （-1.928）	-0.017* （-1.877）
常数项	1.156*** （7.763）	1.211*** （7.824）	1.018*** （3.332）	0.333 （0.470）
个体效应	是	是	是	是
时间效应	否	是	是	是
行业效应	否	否	是	是
省份效应	否	否	否	是
样本量	24 692	24 692	24 692	24 692
组内 R^2	0.019	0.062	0.078	0.082

注：***、*分别表示在1%、10%的水平下显著，括号中的数字为双尾检验的t值，标准误聚类到公司层面。

6.4.3 稳健性检验：更换被解释变量

基准模型中，本章所采用的被解释变量为专利申请数。由于专利申请存在滞后性，因而参考袁蓉丽和文雯（Yuan & Wen，2018）的做法，本章采用企业研发投资占总资产比重（研发投资占比）作为企业创新绩效的替代变量进行稳健性检验。表6-4第（1）列、第（3）列和第（4）列中的ESG

系数均在 1% 的水平下显著为正，第（2）列中的 ESG 系数在 5% 的水平下显著为正，由此可见，上述结果再次验证了本章的 H6 - 1。

表 6 - 4　　　　　　　稳健性检验：更换被解释变量

变量	（1）	（2）	（3）	（4）
	研发投资占比	研发投资占比	研发投资占比	研发投资占比
ESG 评分	0.045 ***	0.029 **	0.032 ***	0.033 ***
	(3.437)	(2.393)	(2.688)	(2.747)
控制变量	是	是	是	是
个体效应	是	是	是	是
时间效应	否	是	是	是
行业效应	否	否	是	是
省份效应	否	否	否	是
样本量	24 692	24 692	24 692	24 692
组内 R^2	0.017	0.183	0.198	0.200

6.4.4　内生性问题：工具变量法

儒家文化是中国传统文化的重要组成部分，它对于中国企业的健康发展有着深远的影响。儒家文化注重人的修养和道德伦理。首先，儒家文化注重人的修养，倡导人才教育和人才培养。而人才结构是企业的重要资源之一，优秀的人才结构通常能让企业在 ESG 方面表现得更好，从而促进企业的发展。其次，在当今竞争激烈的商业环境中，建立企业的社会信誉和自身形象是企业长期发展的关键因素之一，而儒家文化强调"仁爱""诚信"等价值观念，这些价值观念有助于企业建立良好的形象和声誉，从而提高其 ESG 评级。

此外，儒家文化重视企业家精神和创新创业精神的培养。在儒家文化中，有"勤俭创业"的思想，这有助于使企业为履行社会环境责任而更加努力，从而提高其 ESG 评分。同时，儒家文化强调"天道酬勤"，这有助于激励企业家和员工不断努力工作，进而推动企业各方面的发展，最终受到各利益相关方的认可而提高其 ESG 表现评分。因此，企业在创新和发展的过程中，儒家文化的价值观念必然会对企业的创新行为产生影响。

基于此，本章将以儒家文化氛围作为工具变量缓解内生性问题。为解决内生性问题，本章采用儒家文化作为工具变量进行 2SLS 检验。在相关性方面，儒家文化能够激励企业履行环境、社会责任，促使其维护企业声誉和形象，并且倡导爱惜人才，从而使企业有更好的 ESG 表现。因此，受儒家文化影响越深的企业，其 ESG 表现更好。在外生性方面，儒家文化影响程度与企业创新没有直接影响，相对符合工具变量的标准。

参考何枫等（He et al., 2022）的研究，本章采取企业所在城市的学校、书院、孔庙的总数与企业所在城市当年的 ESG 平均值的乘积衡量儒家文化影响程度，以专利申请、研发投资为被解释变量，以 ESG 评分为解释变量，采用相同的控制变量，进行 2SLS 回归，并将标准误调整为年份相应群组的标准误。表 6-5 中报告了工具变量的估计结果。在第一阶段的回归中，工具变量的系数显著为正。第二阶段的回归结果显示，ESG 变量的回归系数均显著为正，且在 1% 的水平下显著。从工具变量的相关结果来看，Kleibergen-Paaprk LM 统计检验结果说明无不可识别问题，Kleibergen-Paaprk Wald F 统计检验结果说明无弱工具变量问题，即 H6-1 依然成立。

表 6-5　　　　　　　　　　　工具变量 2SLS 回归

变量	（1）第一阶段	（2）第二阶段	（3）第二阶段
	ESG 评分	专利申请	研发投资
城市平均 ESG × 儒家文化氛围	0.000396 *** (4.50)		
ESG 评分		1.737 *** (3.97)	3.346 *** (4.79)
控制变量	是	是	是
个体效应	是	是	是
时间效应	是	是	是
行业效应	是	是	是
省份效应	是	是	是
样本量	23 044	23 044	23 044
组内 R^2		-1.156	-2.953
Kleibergen-Paaprk LM 统计量		9.400	9.400
Kleibergen-Paaprk Wald F 统计量		30.793	30.793

注：*** 表示在 1% 的水平下显著，括号中的数字为双尾检验的 t 值，标准误聚类到公司层面。

6.5　机制检验

6.5.1　机制检验：人才结构

ESG 评分较高的企业在责任及内部治理方面表现较好，可以树立良好的形象，提高其声誉和信誉，增强公众的信任和认可，会在改善员工福利和提高员工满意度方面更加努力，从而更能够吸引和留住人才，为创新发展提供智力和人力支持。因此，本章认为，ESG 在一定程度上可以促进企业吸引更多优秀人才，进而促进其创新。

基于此，本章收集了与主样本相匹配的企业员工学历情况，参考姜付秀等（2009）的研究，本章将学历进行赋值后计算了每年每个企业的学历水平并将其作为被解释变量，详见表 6 - 1 定义。以 ESG 评分作为解释变量，剔除部分不符合条件的数据，采取相同的控制变量，进行固定效应回归模型分析，回归结果如表 6 - 6 所示。结果表明，除了第（2）列在仅同时控制个体和时间效应的情况下，ESG 系数并不显著以外，其余各列的 ESG 系数均至少在 10% 的水平下显著为正。这说明，企业 ESG 表现越好，吸引的高学历员工越多，整个公司的平均学历也越高。这一定程度上验证了 H6 - 2。

表 6 - 6　　　　　　企业 ESG 表现对员工学历水平的影响

变量	（1）	（2）	（3）	（4）
	学历水平	学历水平	学历水平	学历水平
ESG 评分	0.007 **	0.005	0.006 *	0.005 *
	(2.376)	(1.494)	(1.869)	(1.724)
控制变量	是	是	是	是
个体效应	是	是	是	是
时间效应	否	是	是	是
行业效应	否	否	是	是
省份效应	否	否	否	是
样本量	24 612	24 612	24 612	24 612
组内 R^2	0.093	0.119	0.164	0.170

注：** 和 * 分别表示在 5% 和 10% 的水平下显著，括号中的数字为双尾检验的 t 值，标准误聚类到公司层面。

6.5.2 机制检验：融资成本

企业的 ESG 表现良好可能降低融资成本，从而使企业有更多资金投入创新中，进而促进其创新。ESG 表现良好的企业可能会增加企业的透明度和社会责任感，更加重视可持续发展，从而获得投资者对企业的信任和认可，从而降低融资成本。此外，一些投资者和银行可能会将 ESG 评级纳入其投资决策和融资决策中，提供更便宜的融资条件给那些表现良好的企业。为了探究上述问题，本章采用融资成本 1 和融资成本 2 来衡量企业的融资成本，并替换被解释变量，进行固定效应回归。其中，融资成本 1 只有企业的利息支出，而融资成本 2 则进一步考虑了各种手续费和其他费用等，以求全面刻画融资成本的影响。

从表 6-7 中第（1）列至第（4）列中可以看出，ESG 的系数在 1% 的水平下显著为负，这表明，ESG 评分能够显著降低企业的融资成本，即 ESG 表现越好的企业，其利息支出也相对更少。与前 4 列类似的是，表 6-7 报告了替代性融资成本的测算指标，除了第（5）列在仅控制了个体效应的情况下，ESG 与融资成本 2 无显著关系以外，第（6）列至第（8）列均表明，在进一步考虑年份、行业和省份等固定效应时，企业 ESG 表现的估计系数在 1% 的水平下仍然显著为负。综上所述，表 6-7 的实证结果验证了本章的研究 H6-3。

表 6-7　　　　　　　　　　企业 ESG 表现对融资成本的影响

变量	(1) 融资成本 1	(2) 融资成本 1	(3) 融资成本 1	(4) 融资成本 1	(5) 融资成本 2	(6) 融资成本 2	(7) 融资成本 2	(8) 融资成本 2
ESG 评分	-0.101*** (-4.127)	-0.091*** (-3.675)	-0.088*** (-3.550)	-0.088*** (-3.567)	-0.016 (-1.315)	-0.046*** (-3.782)	-0.044*** (-3.664)	-0.044*** (-3.652)
控制变量	是	是	是	是	是	是	是	是
个体效应	是	是	是	是	是	是	是	是
时间效应	否	是	是	是	否	是	是	是
行业效应	否	否	是	是	否	否	是	是
省份效应	否	否	否	是	否	否	否	是
样本量	24 682	24 682	24 682	24 682	24 682	24 682	24 682	24 682
组内 R^2	0.286	0.299	0.303	0.304	0.053	0.116	0.126	0.129

注：*** 表示在 1% 的水平下显著，括号中的数字为双尾检验的 t 值，标准误聚类到公司层面。

6.5.3　机制检验：薪酬差距

企业在践行 ESG 理念的过程中，会更注重内部的公司治理，着力于制定更合理的激励政策等。根据锦标赛理论，企业内部薪酬差距的扩大会激励员工积极性，从而促进企业创新（孔东民等，2017）。因此，本章以企业总经理的薪酬与其人均薪酬的比值加 1 后取对数衡量内部薪酬差距，并作为被解释变量，采用与表 6-3 相同的控制变量，重新进行固定效应回归分析。结果展示在表 6-8 中。其中，第（1）列中的 ESG 系数在 1% 的水平下显著为正，第（2）列在 5% 的水平下显著为正，其余两列在 10% 的水平下显著为正。这说明，ESG 与内部薪酬差距显著正相关。表 6-8 的实证结果验证了本章的研究 H6-4。

表 6-8　　　　　　　　企业 ESG 表现对内部薪酬差距的影响

变量	（1）	（2）	（3）	（4）
	内部薪酬差距	内部薪酬差距	内部薪酬差距	内部薪酬差距
ESG 评分	0.031 *** (2.637)	0.025 ** (2.208)	0.022 * (1.911)	0.021 * (1.879)
控制变量	是	是	是	是
个体效应	是	是	是	是
时间效应	否	是	是	是
行业效应	否	否	是	是
省份效应	否	否	否	是
样本量	23 816	23 816	23 816	23 816
组内 R^2	0.107	0.141	0.151	0.154

注：*** 、** 和 * 分别表示在 1% 、5% 和 10% 的水平下显著，括号中的数字为双尾检验的 t 值，标准误聚类到公司层面。

6.6　进一步研究

在基准回顾中，本章已经分析了 ESG 评级对企业专利申请产出数量的影响。本章在此基础上，进一步研究了 ESG 评级如何影响企业的创新质量。本章先采用引用数加一取对数（余明桂等，2016）以及专利经济价值（乘以100）作为被解释变量以衡量企业创新质量。随后，以 ESG 评分作为解释变量，估计前面的模型（6-5）。此外，还根据解维敏等（2009）及孙天阳和成丽红（2020）的研究，按照技术创新合作者的情况分为"开放式创新"和"自主式创新"，从而估计模型（6-6）。

6.6.1 ESG 对创新质量的影响

本小节考虑 ESG 表现对企业创新质量的影响。实证结果如表6-9所示。从表6-9中可以看到，第（1）列数据的 ESG 系数在5%的水平下显著为正，其余各列实证结果中的 ESG 系数均在1%的水平下显著为正，说明 ESG 评分让企业更加注重提高专利的技术价值以及经济价值，因而 ESG 评分与企业创新质量显著正相关。从经济显著性来看，ESG 评级每提升1个单位，将提高约0.035个引用，以及0.036%的专利经济价值占比。因此，H6-5 得到验证。

表6-9 企业 ESG 表现与创新质量

变量	（1）	（2）	（3）	（4）
	引用数	引用数	专利经济价值	专利经济价值
ESG 评分	0.037***	0.036***	0.029***	0.028***
	（2.841）	（2.794）	（3.145）	（3.024）
控制变量	是	是	是	是
个体效应	是	是	是	是
时间效应	是	是	是	是
行业效应	是	是	是	是
省份效应	否	是	否	是
样本量	24 692	24 692	24 692	24 692
组内 R^2	0.238	0.240	0.074	0.078

注：*** 表示在1%的水平下显著，括号中的数字为双尾检验的 t 值，标准误聚类到公司层面。

6.6.2 ESG 对创新策略的影响

接下来，本小节考虑企业 ESG 表现是否会影响企业的创新策略。为了区分不同的创新策略（开放式创新还是独立式创新），本小节采用协同研发专利数加 1 的对数作为企业合作创新的代理指标，同时采用独立研发专利数加 1 的对数衡量企业独立创新强度，以协同创新占比衡量协同创新强度作为被解释变量，以 ESG 评分作为解释变量，采取相同的控制变量，进行固定效应回归分析，回归结果呈现在表 6 - 10 中。结果显示，第（1）列中 ESG 系数在 5% 的水平下显著为正，而第（2）列至第（4）列中无明显相关关系，说明在只控制个体效应的情况下，ESG 评级正向促进企业合作创新决策，但在考虑了年份、行业、省份固定效应后，其无明显相关关系。上述结果并不稳健，因而并不能完全支持前面的 H6 - 6。这可能是因为我国知识产权制度的不完善，导致企业并不愿意合作创新。

表 6 - 10　　　　　　　　　企业 ESG 表现与创新策略

变量	（1）协同创新水平	（2）协同创新水平	（3）协同创新水平	（4）协同创新水平
ESG 评分	0. 008 ** (2. 079)	- 0. 000 (- 0. 072)	0. 001 (0. 251)	0. 001 (0. 347)
控制变量	是	是	是	是
个体效应	是	是	是	是
时间效应	否	是	是	是
行业效应	否	否	是	是
省份效应	否	否	否	是
样本量	24 692	24 692	24 692	24 692
组内 R^2	0. 018	0. 338	0. 345	0. 347

注：** 表示在 5% 的水平下显著，括号中的数字为双尾检验的 t 值，标准误聚类到公司层面。

6.6.3　异质性分析

6.6.3.1　企业规模

对于大型企业，ESG 因素可能会对其创新产生积极影响。大型企业通常具有更高的资源和品牌优势，可以更容易地吸引和留住优秀的人才和客户，因而更有可能受到 ESG 因素的影响。此外，大型企业通常需要承担更多的社会责任和环境风险，因而更需要关注 ESG 因素，从而促进创新。例如，大型企业可以通过开展环保技术研发和社会责任项目，提高企业的社会声誉和品牌价值，从而促进创新。

基于此，本章以企业规模的中位数把企业分成两组，分别进行固定效应回归分析，回归结果显示于表 6 – 11 中。在规模较大的企业中，第（1）列中的 ESG 系数在 1% 的水平下显著为正，第（2）列至第（4）列中的 ESG 系数在 10% 的水平下显著为正。而在规模较小的企业中，ESG 系数只有在第（2）列中在 10% 的水平下显著为正，其他均不显著。结果表明，企业 ESG 表现对其创新的促进作用，在规模大的企业中更为明显。

表 6 –11　　　　　　　　　基于企业规模的异质性分析

变量	（1）	（2）	（3）	（4）
	专利申请	专利申请	专利申请	专利申请
	规模大	规模大	规模小	规模小
ESG 评分	0.030 * （1.880）	0.027 * （1.696）	0.022 （1.589）	0.020 （1.469）
控制变量	是	是	是	是
个体效应	是	是	是	是
时间效应	是	是	是	是
行业效应	是	是	是	是
省份效应	否	是	否	是
样本量	12 350	12 350	12 342	12 342
组内 R^2	0.092	0.099	0.076	0.078

注：＊表示在 10% 的水平下显著，括号中的数字为双尾检验的 t 值，标准误聚类到公司层面。

6.6.3.2　重污染行业

污染类企业在环境方面面临更高的压力和风险，需要承担更多的环境责任，因此，ESG 因素对其创新的影响可能更为显著。这种压力和风险可能会促使污染类企业采取更加环保的技术和管理措施，推动其在环保领域的创新。此外，污染类企业可能会通过开展社会责任项目和公益活动等方式，提高企业的社会形象和品牌价值，促进创新。

为了探究这一问题，本章按照中国证券监督委员会 2012 年修订的《上市公司行业分类指引》、环境保护部 2008 年制定的《上市公司环保核查行业分类管理名录》以及《上市公司环境信息披露指南》对企业进行分类，污染类包括煤炭、采矿、纺织、制革、造纸、石化、制药、化工、冶金、火电等 16 个重污染行业，其行业代码分别为 B06、B07、B08 、B09、C17、C19、C22、C25、C26、C27、C28、C30、C31、C32、C33、D44。共分为污染类和非污染类两组，分别进行固定效应回归，结果展示于表 6 - 12 中。其中，在重污染类企业中，系数估计值在 1% 的水平下显著为正，而非污染类企业中 ESG 系数虽然为正，但是在所有设定中均不显著。结果表明，ESG 对企业创新的促进作用，在重污染类企业中更为明显。

表 6 - 12　　　　　　基于是否属于重污染行业的异质性分析

变量	(1)	(2)	(3)	(4)
	专利申请	专利申请	专利申请	专利申请
	重污染	重污染	其他	其他
ESG 评分	0.042 ***	0.040 ***	0.021	0.022
	(3.265)	(3.119)	(1.120)	(1.154)
控制变量	是	是	是	是
个体效应	是	是	是	是
时间效应	是	是	是	是
行业效应	是	是	是	是
省份效应	否	是	否	是
样本量	17 447	17 447	7 245	7 245
组内 R²	0.072	0.077	0.100	0.102

注：*** 表示在 1% 的水平下显著，括号中的数字为双尾检验的 t 值，标准误聚类到公司层面。

6.6.3.3　是否为资本密集型企业

劳动密集型企业受 ESG 表现影响显著，主要体现在以下三个方面：首先，ESG 评级高的企业重视员工培训和职业发展，提升员工技能和创新能力，增强企业竞争力；其次，这些企业在社会责任方面的积极表现有助于构建良好的企业形象和品牌声誉，吸引和留住人才；最后，注重可持续发展和环境保护，采用环保技术，提高生产效率和产品质量，同时提升市场竞争力。

为了探究资本/劳动密集型企业对 ESG 与创新关系的影响是否不同，本章用企业固定资产与员工总数的比值（即人均资本密度）衡量企业的资本密集程度，并取中位数将其分为两组，进而分别进行固定效应回归，回归结果如表 6 - 13 所示。其中，劳动密集型企业的 ESG 系数均在 1% 的水平下显著为正，而资本密集型企业中的 ESG 系数均不显著。结果表明，劳动密集型企业中 ESG 对企业创新的促进作用尤为明显，而在资本密集型企业中 ESG 的影响不显著。

表 6 - 13   基于企业资本密集度的异质性分析

变量	（1）	（2）	（3）	（4）
	专利申请	专利申请	专利申请	专利申请
	劳动密集型	劳动密集型	资本密集型	资本密集型
ESG 评分	0.044 *** （3.010）	0.042 *** （2.839）	0.019 （1.243）	0.019 （1.231）
控制变量	是	是	是	是
个体效应	是	是	是	是
时间效应	是	是	是	是
行业效应	是	是	是	是
省份效应	否	是	否	是
样本量	12 249	12 249	12 242	12 242
组内 R^2	0.086	0.093	0.087	0.089

注：*** 表示在 1% 的水平下显著，括号中的数字为双尾检验的 t 值，标准误聚类到公司层面。

6.6.3.4 行业竞争程度

在垄断行业，由于代理问题企业往往创新不足。ESG 因素推动企业从社会、环境和治理角度审视自身，促进可持续发展和创新。ESG 因素促使垄断企业重视环保和社会责任，提升声誉和品牌形象。投资者关注 ESG 表现，推动企业注重可持续性、增强创新动力。基于此，本章收集了与研究样本相匹配的营业收入额，进行缩尾处理后计算了其赫芬达尔 - 赫希曼指数（herfindahl-hirschman index，HHI）及样本每年的中位数，并按照是否大于该中位数将所有企业分为两组，分别进行固定效应回归，回归结果汇报如表 6 - 14 所示。结果显示，在垄断行业中，第（1）列和第（2）列 ESG 系数为 0.035 和 0.032，均在 5% 的水平下显著为正；在非垄断行业中，两列 ESG 系数均不显著。这说明，ESG 对创新的正向影响在垄断行业中更为明显。

表 6－14	基于行业竞争程度的异质性分析			
变量	（1）	（2）	（3）	（4）
	专利申请	专利申请	专利申请	专利申请
	垄断行业	垄断行业	非垄断行业	非垄断行业
ESG 评分	0.035 **	0.032 **	0.023	0.023
	（2.291）	（2.071）	（1.522）	（1.501）
控制变量	是	是	是	是
个体效应	是	是	是	是
时间效应	是	是	是	是
行业效应	是	是	是	是
省份效应	否	是	否	是
样本量	12 784	12 784	11 908	11 908
组内 R^2	0.102	0.106	0.073	0.081

注：** 表示在 5% 的水平下显著，括号中的数字为双尾检验的 t 值，标准误聚类到公司层面。

6.7　本章小结

本章通过实证分析中国 2009～2021 年 A 股上市公司数据，深入探讨了企业环境、社会和治理表现与企业创新之间的关系。研究发现，ESG 评级与企业创新数量和质量存在显著正相关性。具体来说，企业通过优化人才结构、降低融资成本、提高薪酬差距等方式，促进了企业的创新活动。此外，企业的 ESG 表现对提升企业的创新质量具有正向影响，使得企业更加注重质量创新决策，即专利的经济价值更高。研究还发现，ESG 表现使企业更加开放，更愿意进行协同创新，且在规模较大、重污染类、劳动密集型及处于垄断行业的企业中，ESG 对创新水平的促进作用更为明显。本章为理解 ESG 与企业创新之间的关系提供了新的视角，并为政府和企业如何通过 ESG 实践促进创新提供了启示。

| 第 7 章 |

研究结论与政策建议

7.1　研究结论

本书从理论和应用两个维度，围绕着上市公司专利经济价值的测算及其影响因素展开了研究。在理论层面，本书深入研究了专利经济价值的衡量指标。通过比较不同的衡量指标，本书指出了现有指标存在的缺陷。为此，本书在多阶段实物期权模型（即 BGN 模型）的基础上，提出了基于公司价值测算专利经济价值的合理性。结果表明，本书构造的经济价值指标与现有文献的指标具有一定的相关性，但是也蕴含了现有指标无法捕捉到的信息。本书的研究结论表明，采用公司股价信息估算专利经济价值是可行的，它揭示了我国上市公司创新质量的分布情况，以及我国专利在应用价值方面与其他发达国家之间的差距。

在应用层面，本书分别从公司治理的薪酬差距问题、融资约束的影子银行监管问题以及非财务信息披露的 ESG 表现问题等三个角度，着重探讨了其对公司专利经济价值的影响机理。

具体而言，本书第 4 章讨论内部薪酬差距与企业创新价值之间的关系。研究结论表明，内部薪酬差距与企业创新活动紧密相关。较高的薪酬差距可能抑制企业内部创新，尤其是当这种差距过大时，可能导致企业内部合作减少、员工间竞争加剧，不利于形成协同创新的氛围。然而，适当的薪酬差异可以作为一种激励机制，促进高层管理人员和关键创新人员的创新动力。

本书第 5 章分析了金融强监管如何影响专利经济价值。研究结论表明，以资管新规为代表的金融强监管政策对企业的创新行为产生复杂影响。虽然资管新规通过抑制企业金融投资促进了研发创新（正面效应），但同时也增加了融资约束（负面效应），对创新产生一定的负面效应。总体上，抑制金融投资的正面效应大于负面效应，资管新规的出台能够提升我国上市公司的专利经济价值。

本书第6章讨论了企业 ESG 表现与企业创新之间的关系。研究结果表明，企业建议 ESG 优势不仅能够促进企业专利申请数和研发投资，而且能够提高专利的经济价值。这种影响主要来自吸引了更多的人才、缓解了融资约束以及强化了企业内部激励机制。

7.2　政策建议

本书的研究结论具有以下政策建议。第一，根据本书的研究结论，我国专利的经济价值距离美国等发达国家仍有一定差距。因此，为避免我国知识产权领域出现"重数量、轻质量"的问题，我国有关部门应当进一步优化知识产权政策。首先，进一步优化专利评价体系，建立以专利质量为核心的评价标准。知识产权管理部门应当加强以质量为导向的知识产权政策，提高专利审查标准，鼓励具有创新性和实用性的专利申请。各级地方部门尤其需要重视促进知识产权运营，推动专利技术转化和应用，真正实现将"知产"转化为"资产"。其次，优化现有的激励政策，扶持和培养创新相关的人才。知识产权管理部门应当完善专利激励机制，调整专利补贴和资助政策，确保激励与专利的实际经济价值和技术贡献相匹配。同时，加强知识产权教育和培训，提升企业和研发人员的专利能力。最后，完善知识产权保护，以鼓励社会重视技术创新，发挥其对经济发展的溢出作用。政府有关部门应当联合司法部门，强化知识产权法律保护，提高侵权成本，维护专利权人合法权益。通过打击侵权行为，鼓励企业建立以创新为核心的企业文化，容忍短期失败，并积极追加长期研发投入。与此同时，有关部门应当实施差异化的产业政策，以满足不同规模和行业的企业的特殊需求，加速技术转化进程。

第二，政府部门应制定政策，引导企业建立合理的薪酬激励制度，发挥企业创新的能动性。根据本书的研究结论，我国企业薪酬差距与专利经济价值之间存在较为明显的正向关系，因此，应平衡内部公平与激励，避免薪酬差距导致的负面影响。首先，实证结果表明，相比于之前的薪酬改革，2015年的薪酬改革是成功的，在薪酬改革后国有企业的内部薪酬差距显著下降，达到了当初国企薪酬改革的既定目标。其次，在薪酬改革后，由于经理层激励的消失，会在一定程度上影响企业的创新质量，导致创新的技术价值和经济价值都有所下降。霍尔姆斯特伦（1989）指出，董事会监督是薪酬激励的重要替代手段。因此，国有企业实施薪酬改革的同时，也需要完善国有企业的公司治理体制，强化对经理层的监督，从而减少创新活动所受的影响。再次，合成双重差分法模型发现，薪酬改革在不同的国有企业之间表现出明显的异质性。这种异质性验证了国有企业"一企一策"的改革思路合理性。最后，在促进国企创新方面，有关部门需要根据每个国有企业实际精准施策，优化企业负责人的薪酬结构，鼓励创新、宽容失败，使得国有企业负责人愿意参与高质量、高风险的创新活动中，真正实现自主创新能力的提升。

第三，旨在抑制影子银行等过度金融创新乱象的金融强监管政策可能对企业创新带来意料之外的后果。虽然强监管可以引导金融资源向实体经济创新领域流动，但也有可能会加剧企业的融资约束，如果无法妥善处理好一些禀赋较弱企业的资金需求，也将不利于企业创新的发展。因此，随着资管新规政策基本实现监管目标，政府有关部门如何避免该政策的负面效应是当前需要重视的问题。金融监管政策要注重"疏堵结合"，不仅要着眼于主要矛盾，而且要兼顾次要矛盾。因此，在对影子银行金融产品进行严格限制后，应对市场上流动的闲置资金进行合理配置，为企业提供优惠、安全的信贷资源，以促进企业创新发展。

第四，证券监管部门应当继续完善企业经济、社会和治理评价工作，通过企业 ESG 评级推动技术创新。首先，证券监管部门应当继续推动和完善ESG 相关的政策体系，为企业提供清晰的 ESG 行动指南。鼓励上市公司提高ESG 信息的披露率，确保信息的准确性和透明度，这有助于投资者和其他利益相关者更好地了解公司的 ESG 表现，从而作出更明智的投资决策。其次，证券监管部门需要建立和完善企业 ESG 评价体系，提高评价的透明度和公信力，引导企业积极履行社会责任。政府应当推动建立一个既符合国际标准又具有中国特色的 ESG 评级体系，同时确保企业遵守 ESG 相关的法律法规，并对违反规定的行为进行问责，以维护评级体系的公正性和有效性。切实落实监管压力，有助于倒逼企业承担社会责任，提高其可持续发展的能力，从而获得更多的融资。最后，加强 ESG 评价结果的应用，为政府有关部门实施精准的创新补贴政策提供依据。证券监管部门可以引导评级机构，提升企业技术创新在 ESG 评价体系中的权重。通过上述政策，政府可以通过 ESG 评价结果来配置税收优惠、财政补贴等财政手段，以进一步激励企业在创新和研发方面的投入，形成良性循环。

参考文献

［1］安同良，周绍东，皮建才．R&D 补贴对中国企业自主创新的激励效应［J］．经济研究，2009，44（10）：87－98．

［2］白俊红，江可申，李婧．应用随机前沿模型评测中国区域研发创新效率［J］．管理世界，2009（10）：51－61．

［3］蔡贵龙，郑国坚，马新啸，等．国有企业的政府放权意愿与混合所有制改革［J］．经济研究，2018，53（9）：99－115．

［4］蔡庆丰，陈熠辉，林焜．信贷资源可得性与企业创新：激励还是抑制？——基于银行网点数据和金融地理结构的微观证据［J］．经济研究，2020，55（10）：124－140．

［5］常风林，周慧，岳希明．国有企业高管"限薪令"有效性研究［J］．经济学动态，2017（3）：40－51．

［6］陈斌开，林毅夫．金融抑制、产业结构与收入分配［J］．世界经济，2012，35（1）：3－23．

［7］陈德球，孙颖，王丹．关系网络嵌入、联合创业投资与企业创新效率［J］．经济研究，2021，56（11）：67－83．

［8］陈国进，丁赛杰，赵向琴，等．中国绿色金融政策、融资成本与企业绿色转型——基于央行担保品政策视角［J］．金融研究，2021（12）：75－95．

［9］陈强远，张醒，汪德华．中国技术创新激励政策设计：高质量发展视角［J］．经济研究，2022，57（10）：52－68．

［10］程虹，刘三江，罗连发．中国企业转型升级的基本状况与路径选

择——基于 570 家企业 4794 名员工入企调查数据的分析 [J]. 管理世界, 2016（2）：57 – 70.

[11] 程小可，姜永盛，郑立东. 影子银行、企业风险承担与融资约束 [J]. 经济管理，2015，37（4）：106 – 115.

[12] 党力，杨瑞龙，杨继东. 反腐败与企业创新：基于政治关联的解释 [J]. 中国工业经济，2015（7）：146 – 160.

[13] 邓路，刘欢，侯粲然. 金融资产配置与违约风险：蓄水池效应，还是逐利效应？[J]. 金融研究，2020（7）：172 – 189.

[14] 杜勇，谢瑾，陈建英. CEO 金融背景与实体企业金融化 [J]. 中国工业经济，2019（5）：136 – 154.

[15] 杜勇，张欢，陈建英. 金融化对实体企业未来主业发展的影响：促进还是抑制 [J]. 中国工业经济，2017（12）：113 – 131.

[16] 段军山，庄旭东. 金融投资行为与企业技术创新——动机分析与经验证据 [J]. 中国工业经济，2021（1）：155 – 173.

[17] 方红星，金玉娜. 公司治理、内部控制与非效率投资：理论分析与经验证据 [J]. 会计研究，2013（7）：63 – 69.

[18] 方先明，胡丁. 企业 ESG 表现与创新——来自 A 股上市公司的证据 [J]. 经济研究，2023，58（2）：91 – 106.

[19] 方先明，那晋领. 创业板上市公司绿色创新溢酬研究 [J]. 经济研究，2020，55（10）：106 – 123.

[20] 冯根福，温军. 中国上市公司治理与企业技术创新关系的实证分析 [J]. 中国工业经济，2008（7）：91 – 101.

[21] 韩峰，庄宗武，阳立高. 中国制造业出口价值攀升的空间动力来源——基于要素供给和市场需求的综合视角 [J]. 中国工业经济，2021（3）：61 – 79.

[22] 韩珣，李建军. 金融错配、非金融企业影子银行化与经济"脱实向虚" [J]. 金融研究，2020（8）：93 – 111.

[23] 韩珣，李建军，彭俞超. 政策不连续性、非金融企业影子银行化与企业创新 [J]. 世界经济，2022，45（4）：31 – 53.

[24] 郝项超，梁琪，李政. 融资融券与企业创新：基于数量与质量视角的分析 [J]. 经济研究，2018，53（6）：127 – 141.

［25］何瑛，于文蕾，杨棉之．CEO 复合型职业经历、企业风险承担与企业价值［J］．中国工业经济，2019（9）：155 – 173.

［26］贺建风，张晓静．劳动力成本上升对企业创新的影响［J］．数量经济技术经济研究，2018，35（8）：56 – 73.

［27］胡奕明，王雪婷，张瑾．金融资产配置动机："蓄水池"或"替代"？——来自中国上市公司的证据［J］．经济研究，2017，52（1）：181 – 194.

［28］黄丹华．适应新常态开创新局面切实做好中央企业规划发展工作［J］．国有资产管理，2015，5：4 – 9.

［29］黄贤环，吴秋生，王瑶．影子银行发展与企业投资行为选择：实业投资还是金融投资？［J］．会计研究，2021（1）：100 – 111.

［30］黄宪，马理，代军勋．资本充足率监管下银行信贷风险偏好与选择分析［J］．金融研究，2005（7）：95 – 103.

［31］黄益平，黄卓．中国的数字金融发展：现在与未来［J］．经济学（季刊），2018，17（4）：1489 – 1502.

［32］贾俊生，伦晓波，林树．金融发展、微观企业创新产出与经济增长——基于上市公司专利视角的实证分析［J］．金融研究，2017（1）：99 – 113.

［33］江艇．因果推断经验研究中的中介效应与调节效应［J］．中国工业经济，2022（5）：100 – 120.

［34］姜付秀，伊志宏，苏飞，等．管理者背景特征与企业过度投资行为［J］．管理世界，2009（1）：130 – 139.

［35］蒋敏，周炜，宋杨．影子银行、《资管新规》和企业融资［J］．国际金融研究，2020（12）：63 – 72.

［36］颉茂华，王娇，刘铁鑫，等．反腐倡廉、政治关联与企业并购重组行为［J］．经济学（季刊），2021，21（3）：979 – 998.

［37］鞠晓生，卢获，虞义华．融资约束、营运资本管理与企业创新可持续性［J］．经济研究，2013，48（1）：4 – 16.

［38］孔东民，徐茗丽，孔高文．企业内部薪酬差距与创新［J］．经济研究，2017，52（10）：144 – 157.

［39］寇宗来，刘学悦．中国企业的专利行为：特征事实以及来自创新政策的影响［J］．经济研究，2020，55（3）：83 – 99.

［40］黎文靖，胡玉明．国企内部薪酬差距激励了谁？［J］．经济研究，

2012（12）：125 – 136.

[41] 黎文靖，彭远怀，谭有超. 知识产权司法保护与企业创新——兼论中国企业创新结构的变迁 [J]. 经济研究，2021，56（5）：144 – 161.

[42] 黎文靖，郑曼妮. 实质性创新还是策略性创新？——宏观产业政策对微观企业创新的影响 [J]. 经济研究，2016，51（4）：60 – 73.

[43] 李春涛，宋敏. 中国制造业企业的创新活动：所有制和 CEO 激励的作用 [J]. 经济研究，2010（5）：55 – 67.

[44] 李建军，韩珣. 非金融企业影子银行化与经营风险 [J]. 经济研究，2019，54（8）：21 – 35.

[45] 李建强，张淑翠，袁佳，等. 影子银行、刚性兑付与宏观审慎政策 [J]. 财贸经济，2019，40（1）：83 – 97.

[46] 李科，徐龙炳. 融资约束、债务能力与公司业绩 [J]. 经济研究，2011，46（5）：61 – 73.

[47] 李青原，陈世来，陈昊. 金融强监管的实体经济效应——来自资管新规的经验证据 [J]. 经济研究，2022，57（1）：137 – 154.

[48] 李诗，洪涛，吴超鹏. 上市公司专利对公司价值的影响——基于知识产权保护视角 [J]. 南开管理评论，2012，15（6）：4 – 13.

[49] 李增福，陈嘉滢. 企业 ESG 表现与短债长用 [J]. 数量经济技术经济研究，2023，40（12）：152 – 171.

[50] 林浚清，黄祖辉，孙永祥. 高管团队内薪酬差距、公司绩效和治理结构 [J]. 经济研究，2003（4）：31 – 40.

[51] 林毅夫，孙希芳，姜烨. 经济发展中的最优金融结构理论初探 [J]. 经济研究，2009，44（8）：4 – 17.

[52] 林志帆，龙晓旋. 卖空威胁能否激励中国企业创新 [J]. 世界经济，2019，42（9）：126 – 150.

[53] 刘冲，庞元晨，刘莉亚. 结构性货币政策、金融监管与利率传导效率——来自中国债券市场的证据 [J]. 经济研究，2022，57（1）：122 – 136.

[54] 刘莉亚，刘冲，陈垠帆，等. 僵尸企业与货币政策降杠杆 [J]. 经济研究，2019，54（9）：73 – 89.

[55] 龙小宁，林菡馨. 专利执行保险的创新激励效应 [J]. 中国工业经济，2018（3）：116 – 135.

［56］龙小宁，易巍，林志帆．知识产权保护的价值有多大？——来自中国上市公司专利数据的经验证据［J］．金融研究，2018（8）：120－136．

［57］卢洪友，邓谭琴，余锦亮．财政补贴能促进企业的"绿化"吗？——基于中国重污染上市公司的研究［J］．经济管理，2019，41（4）：5－22．

［58］卢锐．企业创新投资与高管薪酬业绩敏感性［J］．会计研究，2014（10）：36－42．

［59］鲁桐，党印．公司治理与技术创新：分行业比较［J］．经济研究，2014，v.49；No.560（6）：115－128．

［60］马亚明，胡春阳．金融强监管与非银行金融机构极端风险的演化［J］．管理科学学报，2021，24（2）：75－98．

［61］马永强，路媛媛．企业异质性、内部控制与技术创新绩效［J］．科研管理，2019，40（5）：134－144．

［62］马兆鹏．我国专利制度建设的历史演进及特点［J］．中国发明与专利，2019，16（9）：61－64．

［63］毛德勇，杜亚斌，李鹏．经济增长、货币政策与银行理财产品风险溢价［J］．经济问题，2021（10）：46－53．

［64］毛昊，尹志锋，张锦．中国创新能够摆脱"实用新型专利制度使用陷阱"吗［J］．中国工业经济，2018（3）：98－115．

［65］毛其淋，王玥清．ESG的就业效应研究：来自中国上市公司的证据［J］．经济研究，2023，58（7）：86－103．

［66］孟庆斌，李昕宇，张鹏．员工持股计划能够促进企业创新吗？——基于企业员工视角的经验证据［J］．管理世界，2019，35（11）：209－228．

［67］聂长飞，冯苑，张东．知识产权保护与经济增长质量［J］．统计研究，2023，40（2）：73－88．

［68］彭俞超，韩珣，李建军．经济政策不确定性与企业金融化［J］．中国工业经济，2018（1）：137－155．

［69］彭俞超，何山．资管新规、影子银行与经济高质量发展［J］．世界经济，2020，43（1）：47－69．

［70］卿小权，董启琛，武瑛．股东身份与企业杠杆操纵——基于机构投资者视角的分析［J］．财经研究，2023，49（2）：138－153．

［71］邱牧远，殷红．生态文明建设背景下企业ESG表现与融资成本

[J]. 数量经济技术经济研究, 2019, 36 (3): 108 – 123.

[72] 沈艺峰, 李培功. 政府限薪令与国有企业高管薪酬、业绩和运气关系的研究 [J]. 中国工业经济, 2010 (11): 130 – 139.

[73] 宋科, 徐蕾, 李振, 等. ESG 投资能够促进银行创造流动性吗? ——兼论经济政策不确定性的调节效应 [J]. 金融研究, 2022 (2): 61 – 79.

[74] 孙天阳, 成丽红. 协同创新网络与企业出口绩效——基于社会网络和企业异质性的研究 [J]. 金融研究, 2020 (3): 96 – 114.

[75] 谭德凯, 田利辉. 民间金融发展与企业金融化 [J]. 世界经济, 2021, 44 (3): 61 – 85.

[76] 谭语嫣, 谭之博, 黄益平, 等. 僵尸企业的投资挤出效应: 基于中国工业企业的证据 [J]. 经济研究, 2017, 52 (5): 175 – 188.

[77] 汤晟, 饶品贵, 李晓溪. 金融强监管与企业集团内部资本市场资源配置——来自资管新规的经验证据 [J]. 中国工业经济, 2024 (1): 131 – 149.

[78] 唐清泉, 巫岑. 银行业结构与企业创新活动的融资约束 [J]. 金融研究, 2015 (7): 116 – 134.

[79] 滕飞, 辛宇, 顾小龙. 产品市场竞争与上市公司违规 [J]. 会计研究, 2016 (9): 32 – 40.

[80] 王红建, 陈松. 贷款可获得性、信号发送与审计师选择——基于贷款利率上限取消的准自然实验 [J]. 会计研究, 2022 (3): 143 – 158.

[81] 王珏, 祝继高. 劳动保护能促进企业高学历员工的创新吗? ——基于 A 股上市公司的实证研究 [J]. 管理世界, 2018, 34 (3): 139 – 152.

[82] 王双进, 田原, 党莉莉. 工业企业 ESG 责任履行、竞争战略与财务绩效 [J]. 会计研究, 2022 (3): 77 – 92.

[83] 王雄元, 秦江缘. 创新竞争与企业高质量创新模式选择——来自专利被无效宣告的经验证据 [J]. 经济研究, 2023, 58 (11): 80 – 98.

[84] 吴超鹏, 严泽浩. 政府基金引导与企业核心技术突破: 机制与效应 [J]. 经济研究, 2023, 58 (6): 137 – 154.

[85] 吴延兵, 刘霞辉. 人力资本与研发行为——基于民营企业调研数据的分析 [J]. 经济学 (季刊), 2009, 08 (4): 1567 – 1590.

[86] 谢红军, 吕雪. 负责任的国际投资: ESG 与中国 OFDI [J]. 经济研究, 2022, 57 (3): 83 – 99.

［87］解维敏，方红星．金融发展、融资约束与企业研发投入［J］．金融研究，2011（5）：171－183．

［88］解维敏，唐清泉，陆姗姗．政府 R&D 资助，企业 R&D 支出与自主创新——来自中国上市公司的经验证据［J］．金融研究，2009（6）：86－99．

［89］邢瑞淼，闫文军，张亚峰．中国专利政策的演进研究［J］．科学学研究，2021，39（2）：264－273．

［90］杨国超，芮萌．高新技术企业税收减免政策的激励效应与迎合效应［J］．经济研究，2020，55（9）：174－191．

［91］杨海生，柳建华，连玉君，等．企业投资决策中的同行效应研究：模仿与学习［J］．经济学（季刊），2020，19（4）：1375－1400．

［92］杨浩昌，李廉水，张发明．高技术产业集聚与绿色技术创新绩效［J］．科研管理，2020，41（9）：99－112．

［93］杨婧，许晨曦．产品市场竞争、内部治理与内部控制缺陷认定标准［J］．会计研究，2020（6）：158－170．

［94］杨鹏，尹志锋，张志伟，等．企业数字技术应用与专利质量提升——理论机制与经验事实［J］．统计研究，2024，41（5）：98－110．

［95］杨青，王亚男，唐跃军．“限薪令”的政策效果：基于竞争与垄断性央企市场反应的评估［J］．金融研究，2018（1）：156－173．

［96］杨省贵，顾新．区域创新体系间创新要素流动研究［J］．科技进步与对策，2011，28（23）：60－64．

［97］杨薇，孔东民．企业内部薪酬差距与人力资本结构调整［J］．金融研究，2019（6）：150－168．

［98］姚先国，张海峰．教育、人力资本与地区经济差异［J］．经济研究，2008（5）：47－57．

［99］叶康涛，曹丰，王化成．内部控制信息披露能够降低股价崩盘风险吗？［J］．金融研究，2015（2）：192－206．

［100］余明桂，李文贵，潘红波．管理者过度自信与企业风险承担［J］．金融研究，2013（1）：149－163．

［101］余明桂，王俐璇，赵文婷，等．专利质押、融资约束与企业劳动雇佣［J］．数量经济技术经济研究，2022，39（9）：70－93．

［102］余明桂，钟慧洁，范蕊．业绩考核制度可以促进央企创新吗？

[J]．经济研究，2016，51（12）：104 –117.

[103] 喻子秦，肖翔．影子银行监管优化与企业创新——基于《资管新规》的准自然实验［J］．会计研究，2023（4）：74 –87.

[104] 张成思，张步昙．中国实业投资率下降之谜：经济金融化视角［J］．经济研究，2016，51（12）：32 –46.

[105] 张国清，赵景文，田五星．内控质量与公司绩效：基于内部代理和信号传递理论的视角［J］．世界经济，2015，38（1）：126 –153.

[106] 张杰，高德步，夏胤磊．专利能否促进中国经济增长——基于中国专利资助政策视角的一个解释［J］．中国工业经济，2016（1）：83 –98.

[107] 张杰，芦哲，郑文平，等．融资约束、融资渠道与企业 R&D 投入［J］．世界经济，2012（10）：66 –90.

[108] 张杰，郑文平．创新追赶战略抑制了中国专利质量么？［J］．经济研究，2018，53（5）：28 –41.

[109] 张军，高远，傅勇，等．中国为什么拥有了良好的基础设施？［J］．经济研究，2007（3）：4 –19.

[110] 张晓磊，徐林萍．房价上涨与中小微企业融资成本——基于江苏省中小微企业调研数据的实证［J］．中国软科学，2020（4）：35 –45.

[111] 张璇，刘贝贝，汪婷，等．信贷寻租、融资约束与企业创新［J］．经济研究，2017，52（5）：161 –174.

[112] 甄红线，王三法．企业精准扶贫行为影响企业风险吗？［J］．金融研究，2021（1）：131 –149.

[113] 周开国，卢允之，杨海生．融资约束、创新能力与企业协同创新［J］．经济研究，2017，52（7）：94 –108.

[114] 周上尧，王胜．中国影子银行的成因、结构及系统性风险［J］．经济研究，2021，56（7）：78 –95.

[115] 周月秋，藏波．资管 2.0 时代商业银行理财业务的转型与发展［J］．金融论坛，2019，24（1）：3 –11.

[116] 朱红军，王迪，李挺．真实盈余管理动机下的研发投资决策后果——基于创新和税收的分析视角［J］．南开管理评论，2016，19（4）：36 –48.

[117] 诸竹君，黄先海，王毅．外资进入与中国式创新双低困境破解

［J］. 经济研究，2020，55（5）：99 – 115.

［118］ABADIE A, CATTANEO M D. Introduction to the Special Section on Synthetic Control Methods ［J］. Journal of the American Statistical Association, 2021, 116（536）：1713 – 1715.

［119］ABADIE A, DIAMOND A, HAINMUELLER J. Synthetic Control Methods for Comparative Case Studies: Estimating the Effect of California's Tobacco Control Program ［J］. Journal of the American Statistical Association, 2010, 105（490）：493 – 505.

［120］ABRAMS D S, AKCIGIT U, GRENNAN J. Patent Value and Citations: Creative Destruction or Strategic Disruption? ［J］. National Bureau of Economic Research Working Paper Series, 2018, No. 19647.

［121］ACHARYA V V, BAGHAI R P, SUBRAMANIAN K V. Wrongful Discharge Laws and Innovation ［J］. The Review of Financial Studies, 2014, 27（1）：301 – 346.

［122］ACHARYA V V, SUBRAMANIAN K V. Bankruptcy Codes and Innovation ［J］. The Review of Financial Studies, 2009, 22（12）：4949 – 4988.

［123］ACHARYA V, XU Z. Financial Dependence and Innovation: The Case of Public Versus Private Firms ［J］. Journal of Financial Economics, 2017, 124（2）：223 – 243.

［124］ADAMS J S. Inequity In Social Exchange ［M］//Berkowitz L. Advances in Experimental Social Psychology. Academic Press, 1965：267 – 299.

［125］AGARWAL S, LUCCA D, SERU A, TREBBI F. Inconsistent Regulators: Evidence from Banking ［J］. The Quarterly Journal of Economics, 2014, 129（2）：889 – 938.

［126］AGARWAL V, VASHISHTHA R, VENKATACHALAM M. Mutual Fund Transparency and Corporate Myopia ［J］. The Review of Financial Studies, 2017, 31（5）：1966 – 2003.

［127］ALBUQUERQUE A M, De FRANCO G, VERDI R S. Peer choice in CEO compensation ［J］. Journal of Financial Economics, 2013, 108（1）：160 – 181.

［128］ALI U, HIRSHLEIFER D. Shared Analyst Coverage: Unifying Momentum Spillover Effects [J]. Journal of Financial Economics, 2020, 136 (3): 649 – 675.

[129] ALLENBY G M, BRAZELL J, HOWELL J R, ROSSI P E. Valuation of Patented Product Features [J]. The Journal of Law and Economics, 2014, 57 (3): 629 – 663.

[130] ALLEN F, QIAN J, QIAN M. Law, finance, and Economic Growth in China [J]. Journal of Financial Economics, 2005, 77 (1): 57 – 116.

[131] AMORE M D, SCHNEIDER C, ŽALDOKAS A. Credit Supply and Corporate Innovation [J]. Journal of Financial Economics, 2013, 109 (3): 835 – 855.

[132] AMRAM M. The Challenge of Valuing Patents and Early-State Technologies [J]. Journal of Applied Corporate Finance, 2005, 17 (2): 68 – 81.

[133] ANG J S, CHENG Y, WU C. Does Enforcement of Intellectual Property Rights Matter in China? Evidence from Financing and Investment Choices in the High-tech Industry [J]. Review of Economics and Statistics, 2014, 96 (2): 332 – 348.

[134] APPEL I, FARRE-MENSA J, SIMINTZI E. Patent Trolls and Startup Employment [J]. Journal of Financial Economics, 2019, 133 (3): 708 – 725.

[135] ARKHANGELSKY D, ATHEY S, HIRSHBERG D A, IMBENS G W, WAGER S. Synthetic Difference-in-Differences [J]. American Economic Review, 2021, 111 (12): 4088 – 4118.

[136] ARORA A, BELENZON S, SHEER L. Knowledge Spillovers and Corporate Investment in Scientific Research [J]. American Economic Review, 2021, 111 (3): 871 – 898.

[137] ARORA A, CECCAGNOLI M, COHEN W M. R&D and the Patent Premium [J]. International Journal of Industrial Organization, 2008, 26 (5): 1153 – 1179.

[138] ASIMAKOPOULOS P, ASIMAKOPOULOS S, LI X. The Role of Environmental, Social, and Governance Rating on Corporate Debt Structure [J]. Journal of Corporate Finance, 2023, 83: 102488.

[139] ATANASSOV J. Do Hostile Takeovers Stifle Innovation? Evidence from

Antitakeover Legislation and Corporate Patenting [J]. The Journal of Finance, 2013, 68 (3): 1097 –1131.

[140] ATHEY S, IMBENS G W. Identification and Inference in Nonlinear Difference-in-Differences Models [J]. Econometrica, 2006, 74 (2): 431 –497.

[141] AUSTIN D H. An Event-Study Approach to Measuring Innovative Output: The Case of Biotechnology [J]. The American Economic Review, 1993, 83 (2): 253 –258.

[142] AYYAGARI M, DEMIRGÜÇ-KUNT A, MAKSIMOVIC V. Firm Innovation in Emerging Markets: The Role of Finance, Governance, and Competition [J]. Journal of Financial and Quantitative Analysis, 2011, 46 (6): 1545 –1580.

[143] AYYAGARI M, DEMIRGÜÇ-KUNT A, MAKSIMOVIC V. The Rise of Star Firms: Intangible Capital and Competition [J]. The Review of Financial Studies, 2024, 37 (3): 882 –949.

[144] AZEVEDO A, PAXSON D. Developing Real Option game Models [J]. European Journal of Operational Research, 2014, 237 (3): 909 –920.

[145] BALSMEIER B, FLEMING L, MANSO G. Independent boards and innovation [J]. Journal of Financial Economics, 2017, 123 (3): 536 –557.

[146] BARON R M, KENNY D A. The Moderator-mediator Variable Distinction in Social Psychological Research: Conceptual, Strategic, and Statistical Considerations. [J]. Journal of Personality and Social Psychology, 1986, 51 (6): 1173 –1182.

[147] BEBCHUK L A, CREMERS K J M, PEYER U C. The CEO Pay Slice [J]. Journal of Financial Economics, 2011, 102 (1): 199 –221.

[148] BEBCHUK L A, FRIED J M. Executive Compensation as an Agency Problem [J]. The Journal of Economic Perspectives, 2003, 17 (3): 71 –92.

[149] BELENZON S. Cumulative Innovation and Market Value: Evidence from Patent Citations [J]. The Economic Journal, 2011, 122 (559): 265 –285.

[150] BENA J, LI K. Corporate Innovations and Mergers and Acquisitions [J]. The Journal of Finance, 2014, 69 (5): 1923 –1960.

[151] BENFRATELLO L, SCHIANTARELLI F, SEMBENELLI A. Banks and Innovation: Microeconometric evidence on Italian firms [J]. Journal of Finan-

cial Economics, 2008, 90 (2): 197 – 217.

[152] BERK J B, GREEN R C, NAIK V. Valuation and Return Dynamics of New Ventures [J]. Review of Financial Studies, 2004, 17 (1): 1 – 35.

[153] BERNSTEIN S. Does Going Public Affect Innovation? [J]. The Journal of Finance, 2015, 70 (4): 1365 – 1403.

[154] BERNSTEIN S, GIROUD X, TOWNSEND R R. The Impact of Venture Capital Monitoring [J]. The Journal of Finance, 2016, 71 (4): 1591 – 1622.

[155] BESSEN J. Estimates of Patent Rents from Firm Market Value [J]. Research Policy, 2009, 38 (10): 1604 – 1616.

[156] BLANCO I, WEHRHEIM D. The Bright Side of Financial Derivatives: Options Trading and Firm Innovation [J]. Journal of Financial Economics, 2017, 125 (1): 99 – 119.

[157] BLOOM N, Van REENEN J. Patents, Real Options and Firm Performance [J]. The Economic Journal The Economic Journal, 2002, 112 (478): C97 – C116.

[158] BLUNDELL R, GRIFFITH R, van REENEN J. Market Share, Market Value and Innovation in a Panel of British Manufacturing Firms [J]. The Review of Economic Studies The Review of Economic Studies, 1999, 66 (3): 529 – 554.

[159] BOEING P. The allocation and effectiveness of China's R&D subsidies-Evidence from listed firms [J]. Research Policy, 2016, 45 (9): 1774 – 1789.

[160] BRADLEY, DANIEL, TIAN, XUAN, KIM, INCHEOL. Do Unions Affect Innovation? [J]. Management science: Journal of the Institute of Management Sciences, 2017.

[161] BRANDER J A, CUI V, VERTINSKY I. China and Intellectual Property Rights: A Challenge to the Rule of Law [J]. Journal of International Business Studies, 2017, 48 (7): 908 – 921.

[162] BRANDÃO L E, FERNANDES G, DYER J S. Valuing Multistage investment Projects in the Pharmaceutical Industry [J]. European Journal of Operational Research, 2018, 271 (2): 720 – 732.

[163] BRAV A, JIANG W, MA S, TIAN X. How does Hedge Fund Activism Reshape Corporate Innovation? [J]. Journal of Financial Economics, 2018, 130

（2）：237 － 264.

［164］ BROWN J R, FAZZARI S M, PETERSEN B C. Financing Innovation and Growth：Cash Flow, External Equity, and the 1990s R&D Boom ［J］. The Journal of Finance, 2009, 64（1）：151 － 185.

［165］ BROWN J R, MARTINSSON G, PETERSEN B C. Do Financing Constraints Matter for R&D? ［J］. European Economic Review, 2012, 56（8）：1512 － 1529.

［166］ BROWN J R, PETERSEN B C. Cash Holdings and R&D Smoothing ［J］. Journal of Corporate Finance, 2011, 17（3）：694 － 709.

［167］ CAMPELLO M, GAO J. Customer Concentration and loan Contract Terms ［J］. Journal of Financial Economics, 2017, 123（1）：108 － 136.

［168］ CAO J, TITMAN S, ZHAN X, ZHANG W. ESG Preference, Institutional Trading, and Stock Return Patterns ［J］. Journal of Financial and Quantitative Analysis, 2023, 58（5）：1843 － 1877.

［169］ CELIK M A, TIAN X, WANG W. Acquiring Innovation under Information Frictions［J］. The Review of Financial Studies, 2022, 35（10）：4474 － 4517.

［170］ CELIKYURT U, SEVILIR M, SHIVDASANI A. Venture Capitalists on Boards of Mature Public Firms ［J］. The Review of Financial Studies, 2014, 27（1）：56 － 101.

［171］ CHANDRA P, DONG A. The Relation Between Knowledge Accumulation and Technical Value in Interdisciplinary Technologies ［J］. Technological Forecasting and Social Change, 2018, 128：235 － 244.

［172］ CHANG X, CHEN Y, WANG S Q, ZHANG K, ZHANG W. Credit Default Swaps and Corporate Innovation ［J］. Journal of Financial Economics, 2019, 134（2）：474 － 500.

［173］ CHANG X, FU K, LOW A, ZHANG W. Non-executive Employee Stock Options and Corporate Innovation ［J］. Journal of Financial Economics, 2015, 115（1）：168 － 188.

［174］ CHAVA S, OETTL A, SUBRAMANIAN A, SUBRAMANIAN K V. Banking Deregulation and Innovation ［J］. Journal of Financial Economics, 2013,

109（3）：759 - 774.

[175] CHEMMANUR T J, LOUTSKINA E, TIAN X. Corporate Venture Capital, Value Creation, and Innovation [J]. The Review of Financial Studies, 2014, 27（8）: 2434 - 2473.

[176] CHEN C, CHEN Y, HSU P, PODOLSKI E J. Be Nice to Your Innovators: Employee Treatment and Corporate Innovation Performance [J]. Journal of Corporate Finance, 2016, 39: 78 - 98.

[177] CHENG S. R&D Expenditures and CEO Compensation [J]. Accounting Review, 2004, 79（2）: 305 - 328.

[178] CHEN M A, WU Q, YANG B. How Valuable Is FinTech Innovation? [J]. The Review of Financial Studies, 2019, 32（5）: 2062 - 2106.

[179] CHEN Z, HUANG Y, WEI K C J. Executive Pay Disparity and The Cost of Equity Capital [J]. Journal of Financial and Quantitative Analysis, 2013, 48（3）: 849 - 885.

[180] CHEN Z, ZHANG J. Types of Patents and Driving Forces Behind The Patent Growth In China [J]. Economic Modelling, 2019, 80: 294 - 302.

[181] CHIPMAN H A, GEORGE E I, MCCULLOCH R E. BART: Bayesian Additive Regression Trees [J]. The Annals of Applied Statistics, 2010, 4（1）.

[182] CHOUAIBI S, CHOUAIBI J, ROSSI M. ESG and Corporate Financial Performance: The Mediating Role of Green Innovation: UK Common law Versus Germany Civil law [J]. EuroMed Journal of Business, 2021, 17（1）: 46 - 71.

[183] COHEN L, DIETHER K, MALLOY C. Misvaluing Innovation [J]. The Review of Financial Studies, 2013, 26（3）: 635 - 666.

[184] COHEN L, GURUN U, NGUYEN Q. The ESG-Innovation Disconnect: Evidence from Green Patenting [J]. NBER Woring Paper, 2020.

[185] COLES J L, DANIEL N D, NAVEEN L. Managerial Incentives and Risk-taking [J]. Journal of Financial Economics, 2006, 79（2）: 431 - 468.

[186] COLES J L, LI Z, WANG A Y. Industry Tournament Incentives [J]. Review of Financial Studies, 2018, 31（4）: 1418 - 1459.

[187] CORNAGGIA J, MAO Y, TIAN X, WOLFE B. Does Banking Competition Affect Innovation? [J]. Journal of Financial Economics, 2015, 115（1）:

189 – 209.

［188］CORREA R, LEL U. Say on Pay laws, Executive Compensation, Pay Slice, and Firm Valuation Around the World ［J］. Journal of Financial Economics, 2016, 122 (3): 500 – 520.

［189］CREMERS K J M, LITOV L P, SEPE S M. Staggered Boards and Long-term Firm Value, Revisited ［J］. Journal of Financial Economics, 2017, 126 (2): 422 – 444.

［190］CUSTÓDIO C, METZGER D. Financial expert CEOs: CEO's Work Experience and Firm's Financial Policies ［J］. Journal of Financial Economics, 2014, 114 (1): 125 – 154.

［191］DANG J, MOTOHASHI K. Patent Statistics: A Good Indicator for Innovation in China? Patent Subsidy Program Impacts on Patent Quality ［J］. China Economic Review, 2015, 35: 137 – 155.

［192］DASS N, KINI O, NANDA V, ONAL B, WANG J. Board Expertise: Do Directors from Related Industries Help Bridge the Information Gap? ［J］. The Review of Financial Studies, 2014, 27 (5): 1533 – 1592.

［193］DEENEY P, CUMMINS M, HEINTZ K, PRYCE M T. A Real Options Based Decision Support Tool for R&D Investment: Application to CO_2 Recycling Technology ［J］. European Journal of Operational Research, 2021, 289 (2): 696 – 711.

［194］DEMIR F. Financial liberalization, Private Investment and Portfolio Choice: Financialization of Real Sectors in Emerging Markets ［J］. Journal of Development Economics, 2009, 88 (2): 314 – 324.

［195］DENG Y. Private Value of European Patents ［J］. European Economic Review, 2007, 51 (7): 1785 – 1812.

［196］de RASSENFOSSE G, RAITERI E. Technology Protectionism and The Patent System: Evidence from China ［J］. Journal of Industrial Economics, 2022, 70 (1): 1 – 43.

［197］DERRIEN F, KECSKÉS A, NGUYEN P. Labor Force Demographics and Corporate Innovation ［J］. The Review of Financial Studies, 2023, 36 (7): 2797 – 2838.

［198］ DEWATRIPONT M, MASKIN E. Credit and Efficiency in Centralized and Decentralized Economies ［J］. The Review of Economic Studies, 1995, 62 (4): 541 – 555.

［199］ DREJER I, JØRGENSEN B H. The Dynamic Creation of Knowledge: Analysing Public-private Collaborations ［J］. Technovation, 2005, 25 (2): 83 – 94.

［200］ EDERER F, MANSO G. Is Pay for Performance Detrimental to Innovation? ［J］. Management Science, 2013, 59 (7): 1496 – 1513.

［201］ ERNST H, LEGLER S, LICHTENTHALER U. Determinants of Patent Value: Insights From a Simulation Analysis ［J］. Technological Forecasting and Social Change, 2010, 77 (1): 1 – 19.

［202］ FALATO A, KADYRZHANOVA D, SIM J, STERI R. Rising Intangible Capital, Shrinking Debt Capacity, and the U. S. Corporate Savings Glut ［J］. The Journal of Finance, 2022, 77 (5): 2799 – 2852.

［203］ FALEYE O, HOITASH R, HOITASH U. The Costs of Intense Board Monitoring ［J］. Journal of Financial Economics, 2011, 101 (1): 160 – 181.

［204］ FALEYE O, REIS E, VENKATESWARAN A. The Determinants and Effects of CEO-employee Pay Ratios ［J］. Journal of Banking & Finance, 2013, 37 (8): 3258 – 3272.

［205］ FANG V W, TIAN X, TICE S. Does Stock liquidity Enhance or Impede Firm Innovation? ［J］. The Journal of Finance, 2014, 69 (5): 2085 – 2125.

［206］ FARRE-MENSA J, HEGDE D, LJUNGQVIST A. What Is a Patent Worth? Evidence from the U. S. Patent "Lottery" ［J］. The Journal of Finance, 2020, 75 (2): 639 – 682.

［207］ FESTINGER L A. A Theory of Social Comparison Processes ［J］. Human Relations, 1954, 7 (2): 117 – 140.

［208］ FIRTH M, LEUNG T Y, RUI O M, NA C. Relative Pay and Its Effects on Firm Efficiency in a Transitional Economy ［J］. Journal of Economic Behavior & Organization, 2015, 110: 59 – 77.

［209］ FISCHER T, LEIDINGER J. Testing Patent Value Indicators on Directly Observed Patent Value—An Empirical Analysis of Ocean Tomo Patent Auctions ［J］. Research Policy, 2014, 43 (3): 519 – 529.

［210］ FISMAN R, LOVE I. Trade Credit, Financial Intermediary Development, and Industry Growth ［J］. The Journal of Finance, 2003, 58 (1): 353 –374.

［211］ FITZGERALD T, BALSMEIER B, FLEMING L, et al. Innovation Search Strategy and Predictable Returns ［J］. Management Science, 2020, 67 (2): 1109 –1137.

［212］ FRANKS J R, SCHAEFER S M, STAUNTON M D. The direct and Compliance Costs of Financial Regulation ［J］. Journal of Banking & Finance, 1997, 21 (11 –12): 1547 –1572.

［213］ FRÉSARD L, HOBERG G, PHILLIPS G M. Innovation Activities and Integration through Vertical Acquisitions ［J］. The Review of Financial Studies, 2020, 33 (7): 2937 –2976.

［214］ FRYDMAN C, JENTER D. CEO Compensation ［J］. Annual Review of Financial Economics, 2010, 2 (1): 75 –102.

［215］ FRYDMAN C, PAPANIKOLAOU D. In Search of Ideas: Technological Innovation and Executive Pay Inequality ［J］. Journal of Financial Economics, 2018, 130 (1): 1 –24.

［216］ FUKUDA S, NAKAMURA J. Why Did 'Zombie' Firms Recover in Japan? ［J］. The World Economy, 2011, 34 (7): 1124 –1137.

［217］ GAMBARDELLA A, HARHOFF D, VERSPAGEN B. The Economic Value of Patent Portfolios ［J］. Journal of Economics & Management Strategy, 2017, 26 (4): 735 –756.

［218］ GAO H, HSU P, LI K. Innovation Strategy of Private Firms ［J］. Journal of Financial and Quantitative Analysis, 2018, 53 (1): 1 –32.

［219］ GARLAPPI L. Risk Premia and Preemption in R&D Ventures ［J］. Journal of Financial and Quantitative Analysis, 2004, 39 (4): 843 –872.

［220］ GEELEN T, HAJDA J, MORELLEC E. Can Corporate Debt Foster Innovation and Growth? ［J］. The Review of Financial Studies, 2022, 35 (9): 4152 –4200.

［221］ GEHRINGER A. Growth, Productivity and Capital Accumulation: The Effects of Financial Liberalization in the Case of European integration ［J］. International Review of Economics & Finance, 2013, 25: 291 –309.

［222］GIURI P, MARIANI M, BRUSONI S, et al. Inventors and Invention Processes in Europe: Results from the PatVal-EU survey ［J］. Research Policy, 2007, 36 (8): 1107 – 1127.

［223］GOEL A M, THAKOR A V. Overconfidence, CEO Selection, and Corporate Governance ［J］. The Journal of Finance, 2008, 63 (6): 2737 – 2784.

［224］GOMES-CASSERES B, HAGEDOORN J, JAFFE A B. Do Alliances Promote Knowledge Flows? ［J］. Journal of Financial Economics, 2006, 80 (1): 5 – 33.

［225］GONZÁLEZ-URIBE J. Exchanges of Innovation Resources Inside Venture Capital Portfolios ［J］. Journal of Financial Economics, 2020, 135 (1): 144 – 168.

［226］GRIESER W, LIU Z. Corporate Investment and Innovation in the Presence of Competitor Constraints ［J］. The Review of Financial Studies, 2019, 32 (11): 4271 – 4303.

［227］GRIFFIN D, LI K, XU T. Board Gender Diversity and Corporate Innovation: International Evidence ［J］. Journal of Financial and Quantitative Analysis, 2021, 56 (1): 123 – 154.

［228］GRILICHES Z, PAKES A, HALL B H. The Value of Patents as Indicators of Inventive Activity ［M］ //Dasgupta P, Stoneman P. Economic Policy and Technical Performance. Cambridge: Cambridge University Press, 1987: 97 – 124.

［229］GRIMALDI M, CRICELLI L, Di GIOVANNI M, et al. The Patent Portfolio Value Analysis: A New Framework to Leverage Patent Information for Strategic Technology Planning ［J］. Technological Forecasting and Social Change, 2015, 94: 286 – 302.

［230］GRÖNQVIST C. The Private Value of Patents by Patent Characteristics: evidence from Finland ［J］. The Journal of Technology Transfer, 2009, 34 (2): 159 – 168.

［231］GU L. Product Market Competition, R&D Investment, and Stock Returns ［J］. Journal of Financial Economics, 2016.

［232］GUO B, PÉREZ-CASTRILLO D, TOLDRÀ-SIMATS A. Firms' Innovation Strategy Under the Shadow of Analyst Coverage ［J］. Journal of Financial Economics, 2019, 131 (2): 456 – 483.

［233］HAHN P R, MURRAY J S, CARVALHO C M. Bayesian Regression Tree Models for Causal Inference：Regularization, Confounding, and Heterogeneous Effects（with Discussion）［J］. Bayesian Analysis, 2020, 15（3）.

［234］HALL B H, HARHOFF D. Recent Research on the Economics of Patents［J］. Annual Review of Economics, 2012, 4（1）：541 –565.

［235］HALL B H, JAFFE A B, TRAJTENBERG M. The NBER Patent Citation Data File：Lessons, Insights and Methodological Tools［Z］. National Bureau of Economic Research Cambridge, Mass. , USA, 2001.

［236］HALL B H, JAFFE A, TRAJTENBERG M. Market Value and Patent Citations［J］. RAND Journal of Economics, 2005：16 –38.

［237］HALL B H, MACGARVIE M. The Private Value of Software Patents［J］. Research Policy, 2010, 39（7）：994 –1009.

［238］HALL B H. The Financing of Research and Development［J］. Oxford Review of Economic policy, 2002, 18（1）：35 –51.

［239］HALL B H, THOMA G, TORRISI S. The Market Value of Patents and R&D：Evidence From European Firms.［J］. Academy of Management Proceedings, 2007, 2007（1）：1 –6.

［240］HANEDA S, ODAGIRI H. Appropriation Of Returns From Technological Assets And The Values Of Patents And R&D In Japanese High-Tech Firms［J］. Economics of Innovation and New Technology, 1998, 7（4）：303 –321.

［241］HANLEY D, LI J, WU M. High-speed Railways and Collaborative Innovation［J］. Regional Science and Urban Economics, 2022, 93：103717.

［242］HAO J, HE F. Corporate Social Responsibility（CSR）Performance and Green Innovation：Evidence from China［J］. Finance Research Letters, 2022, 48：102889.

［243］HARHOFF D, NARIN F, SCHERER F M, et al. Citation Frequency and The Value of Patented Inventions［J］. Review of Economics and Statistics, 1999, 81（3）：511 –515.

［244］HARHOFF D, SCHERER F M, VOPEL K. Exploring The Tail of Patented Invention Value Distributions［M］//Granstrand O. Economics, Law and Intellectual Property：Seeking Strategies for Research and Teaching in a Developing Field. Boston, MA: Springer US, 2003: 279 – 309.

［245］ HAUSMAN J A, LEONARD G K. Estimation of Patent licensing Value Using a Flexible Demand Specification ［J］. Journal of Econometrics, 2007, 139 (2): 242 – 258.

［246］ HEATH D, MACE C. The Strategic Effects of Trademark Protection ［J］. The Review of Financial Studies, 2020, 33 (4): 1848 – 1877.

［247］ HE F, DU H, YU B. Corporate ESG Performance and Manager Misconduct: Evidence from China ［J］. International Review of Financial Analysis, 2022, 82: 102201.

［248］ HE J J, HUANG J. Product Market Competition in a World of Cross-Ownership: Evidence from Institutional Blockholdings ［J］. The Review of Financial Studies, 2017, 30 (8): 2674 – 2718.

［249］ HE J J, TIAN X. The Dark Side of Analyst Coverage: The Case of Innovation ［J］. Journal of Financial Economics, 2013, 109 (3): 856 – 878.

［250］ HILLER R S, SAVAGE S J, WALDMAN D M. Using Aggregate Market Data to Estimate Patent Value: An Application to United States Smartphones 2010 to 2015 ［J］. International Journal of Industrial Organization, 2018, 60: 1 – 31.

［251］ HIRSHLEIFER D, HSU P, LI D. Innovative Efficiency and Stock Returns ［J］. Journal of Financial Economics, 2013, 107 (3): 632 – 654.

［252］ HIRSHLEIFER D, HSU P, LI D. Innovative Originality, Profitability, and Stock Returns ［J］. The Review of Financial Studies, 2018, 31 (7): 2553 – 2605.

［253］ HIRSHLEIFER D, LOW A, TEOH S H. Are Overconfident CEOs Better Innovators? ［J］. The Journal of Finance, 2012, 67 (4): 1457 – 1498.

［254］ HOCHBERG Y V, SERRANO C J, ZIEDONIS R H. Patent collateral, Investor Commitment, and the Market for Venture lending ［J］. Journal of Financial Economics, 2018, 130 (1): 74 – 94.

［255］ HOLMSTROM B. Agency Cost and Innovation ［J］. Journal of Economic Behavior & Organization, 1989, 12 (3): 305 – 327.

［256］ HOMBERT J, MATRAY A. The Real Effects of Lending Relationships on Innovative Firms and Inventor Mobility ［J］. The Review of Financial Studies,

2017, 30（7）：2413 – 2445.

［257］HOUSTON J F, SHAN H. Corporate ESG Profiles and Banking Relationships ［J］. The Review of Financial Studies, 2022, 35（7）：3373 – 3417.

［258］HOVAKIMIAN G. Financial Constraints and Investment Efficiency：Internal Capital Allocation Across the Business Cycle ［J］. Journal of Financial Intermediation, 2011, 20（2）：264 – 283.

［259］HOWITT P. Steady Endogenous Growth with Population and R. & D. Inputs Growing ［J］. Journal of Political Economy, 1999, 107（4）：715 – 730.

［260］HSU P. Technological Innovations and Aggregate Risk Premiums ［J］. Journal of Financial Economics, 2009, 94（2）：264 – 279.

［261］HSU P, TIAN X, XU Y. Financial Development and Innovation：Cross-country Evidence ［J］. Journal of Financial Economics, 2014, 112（1）：116 – 135.

［262］HU A G, JEFFERSON G H. A great wall of patents：What is Behind China's Recent Patent Explosion? ［J］. Journal of Development Economics, 2009, 90（1）：57 – 68.

［263］HU A G Z, ZHANG P, ZHAO L. China as Number one? Evidence from China's Most Recent Patenting Surge ［J］. Journal of Development Economics, 2017, 124：107 – 119.

［264］HUCHZERMEIER A, LOCH C H. Project Management Under Risk：Using the Real Options Approach to Evaluate Flexibility in R…D ［J］. Management Science, 2001, 47（1）：85 – 101.

［265］HUMPHERY-JENNER M, LISIC L L, NANDA V, et al. Executive Overconfidence and Compensation Structure ［J］. Journal of Financial Economics, 2016, 119（3）：533 – 558.

［266］IMAI K, KEELE L, YAMAMOTO T. Identification, Inference and Sensitivity Analysis for Causal Mediation Effects ［J］. Statistical Science, 2010, 25（1）.

［267］ISLAM E, ZEIN J. Inventor CEOs ［J］. Journal of Financial Economics, 2020, 135（2）：505 – 527.

［268］JAFFE A B. Characterizing the "Technological Position" of Firms, with

Application to Quantifying Technological Opportunity and Research Spillovers [J].
Research Policy, 1989, 18 (2): 87 – 97.

[269] JENSEN M C, MURPHY K J. Performance Pay and Top-Management
Incentives [J]. Journal of Political Economy, 1990, 98 (2): 225 – 264.

[270] JENSEN P H, THOMSON R, YONG J. Estimating the Patent Premium:
Evidence from the Australian Inventor Survey [J]. Strategic Management Journal,
2011, 32 (10): 1128 – 1138.

[271] JOHN K, LITOV L, YEUNG B. Corporate Governance and Risk-taking
[J]. The journal of Finance, 2008, 63 (4): 1679 – 1728.

[272] JOSKOW P L, ROSE N L, WOLFRAM C D. Political Constraints on
Executive Compensation: Evidence from the Electric Utility Industry [J]. The
RAND Journal of Economics, 1996, 27 (1): 165 – 182.

[273] KALE J R, REIS E, VENKATESWARAN A. Rank-Order Tourna-
ments and Incentive Alignment: The Effect on Firm Performance [J]. Journal of
Finance, 2009, 64 (3): 1479 – 1512.

[274] KARPOFF J M, WITTRY M D. Institutional and Legal Context in
Natural Experiments: The Case of State Antitakeover Laws [J]. The Journal of
Finance, 2018, 73 (2): 657 – 714.

[275] KHURRAM M U, CHEN L, ABEDIN M Z, et al. ESG Disclosure
and Internal Pay Gap: Empirical Evidence from China [J]. International Review
of Economics & Finance, 2024, 92: 228 – 244.

[276] KINI O, WILLIAMS R. Tournament Incentives, firm Risk, and Corpo-
rate Policies [J]. Journal of Financial Economics, 2012, 103 (2): 350 – 376.

[277] KLINE P, PETKOVA N, WILLIAMS H, et al. Who Profits from Pa-
tents? Rent-Sharing at Innovative Firms [J]. The Quarterly Journal of Economics,
2019, 134 (3): 1343 – 1404.

[278] KOGAN L, PAPANIKOLAOU D, SERU A, et al. Technological Innova-
tion, Resource Allocation, and Growth [J]. Quarterly Journal of Economics, 2017.

[279] KUNG H, SCHMID L. Innovation, Growth, and Asset Prices [J].
The Journal of Finance, 2015, 70 (3): 1001 – 1037.

[280] KWON S, LOWRY M, QIAN Y. Mutual Fund Investments in Private

Firms [J]. Journal of Financial Economics, 2020, 136 (2): 407 – 443.

[281] LANJOUW J O, PAKES A, PUTNAM J. How to Count Patents and Value Intellectual Property: The Uses of Patent Renewal and Application Data [J]. The Journal of Industrial Economics, 1998, 46 (4): 405 – 432.

[282] LAZEAR E P. Performance Pay and Productivity [J]. American Economic Review, 2000, 90 (5): 1346 – 1361.

[283] LAZEAR E P, ROSEN S. Rank-order Tournaments as Optimum Labor Contracts [J]. Journal of political Economy, 1981, 89 (5): 841 – 864.

[284] LERNER J, SORENSEN M, STRÖMBERG P. Private Equity and Long-Run Investment: The Case of Innovation [J]. The Journal of Finance, 2011, 66 (2): 445 – 477.

[285] LERNER J, WULF J. Innovation and Incentives: Evidence from corporate R&D [J]. the Review of Economics and Statistics, 2007, 89 (4): 634 – 644.

[286] LIANG Z, XUE L. The evolution of China's IPR System and Its Impact on the Patenting Behaviours and Strategies of Multinationals in China [J]. International Journal of Technology Management, 2010, 51 (2 – 4): 469 – 496.

[287] LI D. Financial Constraints, R&D Investment, and Stock Returns [J]. The Review of Financial Studies, 2011, 24 (9): 2974 – 3007.

[288] LIN J, WU H, WU H. Could Government Lead the Way? Evaluation of China's Patent Subsidy Policy on Patent Quality [J]. China Economic Review, 2021, 69: 101663.

[289] LI Y, LI S. ESG Performance and Innovation Quality [J]. International Review of Economics & Finance, 2024, 92: 1361 – 1373.

[290] LOVE I. Financial Development and Financing Constraints: International Evidence from the Structural Investment Model [J]. Review of Financial Studies, 2003, 16 (3): 765 – 791.

[291] MANN W. Creditor Rights and Innovation: Evidence from Patent Collateral [J]. Journal of Financial Economics, 2018, 130 (1): 25 – 47.

[292] MANSO G. Motivating Innovation [J]. The Journal of Finance, 2011, 66 (5): 1823 – 1860.

[293] MA S. The Life Cycle of Corporate Venture Capital [J]. The Review of Financial Studies, 2020, 33 (1): 358 – 394.

[294] MERTZANIS C. Financial Supervision Structure, Decentralized Decision-making and Financing Constraints [J]. Journal of Economic Behavior & Organization, 2020, 174: 13 – 37.

[295] MITRA S, JAGGI B, HOSSAIN M. Internal Control Weaknesses and Accounting Conservatism [J]. Journal of Accounting, Auditing & Finance, 2013, 28 (2): 152 – 191.

[296] MUELLER H M, OUIMET P P, SIMINTZI E. Within-Firm Pay Inequality [J]. The Review of Financial Studies, 2017, 30 (10): 3605 – 3635.

[297] MUKHERJEE A, SINGH M, ŽALDOKAS A. Do Corporate Taxes Hinder Innovation? [J]. Journal of Financial Economics, 2017, 124 (1): 195 – 221.

[298] NANDA R, NICHOLAS T. Did Bank Distress Stifle Innovation During the Great Depression? [J]. Journal of Financial Economics, 2014, 114 (2): 273 – 292.

[299] NANDA R, RHODES-KROPF M. Investment Cycles and Startup Innovation [J]. Journal of Financial Economics, 2013, 110 (2): 403 – 418.

[300] NETHERY R C, MEALLI F, SACKS J D, et al. Evaluation of the Health Impacts of The 1990 Clean Air Act Amendments Using Causal Inference and Machine Learning [J]. Journal of the American Statistical Association, 2020, 116 (535): 1128 – 1139.

[301] NG A C, REZAEE Z. Business Sustainability Factors and Stock Price Informativeness [J]. Journal of Corporate Finance, 2020, 64: 101688.

[302] ORHANGAZI O. Financialisation and Capital Accumulation in the Non-financial Corporate Sector: A Theoretical and Empirical Investigation on the US economy: 1973 – 2003 [J]. Cambridge Journal of Economics, 2008, 32 (6): 863 – 886.

[303] PAKES A. Patents as Options: Some Estimates of the Value of Holding European Patent Stocks [J]. Econometrica, 1986, 54 (4): 755 – 784.

[304] PARK M, LEAHEY E, FUNK R J. Papers and Patents are Becoming Less Disruptive Over Time [J]. Nature, 2023, 613 (7942): 138 – 144.

［305］PETERSEN M A. Estimating Standard Errors in Finance Panel Data Sets： Comparing Approaches ［J］. The Review of Financial Studies, 2009, 22 (1): 435 – 480.

［306］RAJAGOPALAN N, FINKELSTEIN S. Effects of Strategic Orientation and Environmental Change on Senior Management Reward Systems ［J］. Strategic Management Journal, 1992, 13 (S1): 127 – 141.

［307］REITZIG M. Improving Patent Valuations for Management Purposes—validating New Indicators by Analyzing Application Rationales ［J］. Research Policy, 2004, 33 (6): 939 – 957.

［308］ROMER P M. Endogenous Technological Change ［J］. Journal of Political Economy, 1990, 98 (5, Part 2): S71 – S102.

［309］ROSE N L, WOLFRAM C. Has the "Million-Dollar Cap" Affected CEO Pay? ［J］. American Economic Review, 2000, 90 (2): 197 – 202.

［310］ROSEN S. Prizes and Incentives in Elimination Tournaments ［Z］. National Bureau of Economic Research, 1985.

［311］SAKAKIBARA M. An Empirical Analysis of Pricing in Patent Licensing contracts ［J］. Industrial and Corporate Change, 2010, 19 (3): 927 – 945.

［312］SCHANKERMAN M. How Valuable is Patent Protection? Estimates by Technology Field ［J］. The RAND Journal of Economics, 1998, 29 (1): 77 – 107.

［313］SCHANKERMAN M, PAKES A. Estimates of the Value of Patent Rights in European Countries During the Post – 1950 Period ［J］. The Economic Journal, 1986, 96 (384): 1052 – 1076.

［314］SCHWARTZ E S. Patents and R&D as Real Options ［J］. Economic Notes, 2004, 33 (1): 23 – 54.

［315］SERRANO C J. Estimating the Gains from Trade in The Market for Innovation： Evidence from The Transfer of Patents ［J］. National Bureau of Economic Research Working Paper Series, 2011, No. 17304.

［316］SERU A. Firm Boundaries Matter： Evidence From Conglomerates and R&D Activity ［J］. Journal of Financial Economics, 2014, 111 (2): 381 – 405.

［317］SUNDER J, SUNDER S V, ZHANG J. Pilot CEOs and Corporate

Innovation [J]. Journal of Financial Economics, 2017, 123 (1): 209 –224.

[318] TIAN X, WANG T Y. Tolerance for Failure and Corporate Innovation [J]. The Review of Financial Studies, 2014, 27 (1): 211 –255.

[319] TOIVANEN O, STONEMAN P, BOSWORTH D. Innovation and the Market Value of UK Firms, 1989 –1995*[J]. Oxford Bulletin of Economics and Statistics, 2002, 64 (1): 39 –61.

[320] TRAJTENBERG M. A Penny for Your Quotes: Patent Citations and the Value of Innovations [J]. The RAND Journal of Economics, 1990, 21 (1): 172 –187.

[321] TSANG A, WANG K T, LIU S, et al. Integrating Corporate Social Responsibility Criteria into Executive Compensation and Firm Innovation: International Evidence [J]. Journal of Corporate Finance, 2021, 70: 102070.

[322] VERGINER L, RICCABONI M. Talent Goes to Global Cities: The World Network of Scientists' Mobility [J]. Research Policy, 2021, 50 (1): 104127.

[323] WANG B, HSIEH C. Measuring the Value of Patents with Fuzzy Multiple Criteria Decision Making: Insight into the Practices of the Industrial Technology Research Institute [J]. Technological Forecasting and Social Change, 2015, 92: 263 –275.

[324] WANG H. A Stochastic Frontier Analysis of Financing Constraints on Investment [J]. Journal of Business & Economic Statistics, 2003, 21 (3): 406 – 419.

[325] WEI S, XIE Z, ZHANG X. From "Made in China" to "Innovated in China": Necessity, Prospect, and Challenges [J]. Journal of Economic Perspectives, 2017, 31 (1): 49 –70.

[326] XIAO Y, TYLECOTE A, LIU J. Why not Greater Catch-up by Chinese Firms? The Impact of IPR, Corporate Governance and Technology Intensity on Late-comer Strategies [J]. Research Policy, 2013, 42 (3): 749 –764.

[327] XU G, YANO G. How does Anti-corruption Affect Corporate Innovation? Evidence from Recent Anti-corruption Efforts in China [J]. Journal of Comparative Economics, 2017, 45 (3): 498 –519.

［328］XU M，KONG G，KONG D. Does Wage Justice Hamper Creativity？Pay Gap and Firm Innovation in China ［J］. China Economic Review，2017，44：186 – 202.

［329］YANADORI Y，CUI V. Creating Incentives for Innovation？The Relationship Between Pay Dispersion in R&D Groups and Firm Innovation Performance ［J］. Strategic Management Journal，2013，34（12）：1502 – 1511.

［330］YIN Z，SUN Z. Predicting the Value of Chinese Patents Using Patent Characteristics：Evidence Based on a Chinese Patent Auction ［J］. Industrial and Corporate Change，2023，32（6）：1286 – 1304.

［331］YUAN R，WEN W. Managerial Foreign Experience and Corporate Innovation ［J］. Journal of Corporate Finance，2018，48：752 – 770.

［332］ZHANG G，CHEN X. The Value of Invention Patents in China：Country Origin and Technology Field Differences ［J］. China Economic Review，2012，23（2）：357 – 370.

［333］ZHANG G，LV X，ZHOU J. Private Value of Patent Right and Patent Infringement：An Empirical Study Based on Patent Renewal Data of China ［J］. China Economic Review，2014，28：37 – 54.

［334］ZHOU X. Semiparametric Estimation for Causal Mediation Analysis with Multiple Causally Ordered Mediators ［J］. Journal of the Royal Statistical Society Series B：Statistical Methodology，2022，84（3）：794 – 821.

［335］ZHOU X，YAMAMOTO T. Tracing Causal Paths from Experimental and Observational Data ［J］. Working Paper，2020.